さっぽろ味の老舗グラフィティー

old restaurant graffiti in Sapporo

和田由美
Yumi Wada

亜璃西社

昭和の名店が生むご馳走には
どこか懐かしい下町の匂い

老舗のアルバム
懐
レトロ

創業以来の定番
「石狩弁当」は、
ボリューム満点デス
（はちわか本店、p.26）

午前中で売り切れる大福は、
コシの強さが魅力ダ！（かど丸餅店、p.142）

煙もうもうの中で
食べるホルモンは、
庶民のヨロコビ
(元祖 京城屋、p.56)

だて巻入りのシンプルな一杯は、
札幌遺産級の味わい
(だるま軒、p.82)

すしと天ぷらは、
〝看板に偽りなし〟の
正真正銘の看板メニュー
（板前料理 大和家、p.18）

開店以来、不動の一番
人気を誇る「メンチカツ」
（味かつ、p.36）

老舗のアルバム

侘《ワビサビ》

歳月に磨かれた空間で タンノウしたい看板メニュー

山わさびと食したい、
店主お任せの刺身盛り
（居酒屋 鳥魚、p.100）

豪快にかぶりつきたい、
若鳥の半身を焼き上げた
名物・新子焼き
（武鳥、p.118）

中華風チラシかけご飯と焼きギョーザで、
大衆中華の王道を満喫（中華料理 香州、p.52）

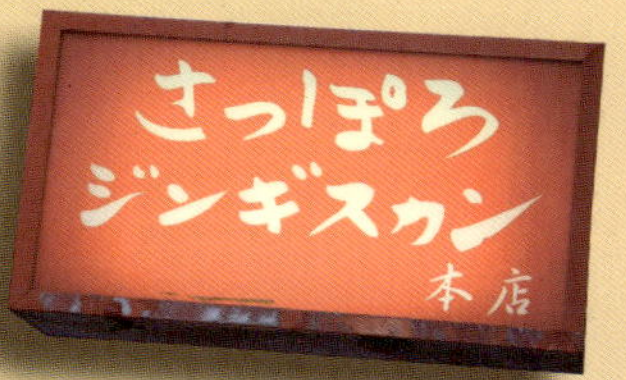

釣り具店２階の店内では、
手切りのラム肉を心ゆくまで味わえる
（さっぽろジンギスカン本店、p.66）

老舗のアルバム

愉《ユニーク》

五感で愉しみたい、その店心づくしの逸品

炉端焼きの草分けでも、人気の焼き魚はホッケの開き
（炉端焼き ウタリ、p.94）

映画のセットさながらの店内で味わうナポリタンは格別の味わい（純喫茶 オリンピア、p.130）

地下鉄コンコースに面して置かれた、サイズ別の巨大サンプルは注目の的。ケース内に鎮座する最大サイズ「信じられねぇ」は、約3kgのド迫力！
（やきそば屋、p.86）

大きさだけじゃないヨ
ビックリ、ドッキリ、
飛びっ切り！

老舗のアルバム 驚《ビックリ》

アイスクリームタワーが目を引くショーケース。タワーは1個9万円余りするが、年1回は注文が入るとか
（雪印パーラー本店、p.144）

さっぽろ味の老舗グラフィティー

はじめに

札幌は、明治2（1869）年に開拓使が置かれて以来、いまだ150年（2015年現在で146年）に満たない街である。

そんな歴史の浅い街で、京都や東京のように100年余りも続く飲食店の老舗を探すのは、至難の技である。真の意味で老舗と呼べる店は数えるほどしかなく、突き詰めていくと札幌の街で老舗を語ることはできなくなってしまう。

そこで本書では、この街で25年余り（四半世紀以上）続く店を、あえて〝老舗〟と呼ぶことにした。というのも、人口190万を超えた大都市・札幌の、生き馬の目を抜く飲食業界で、これほど長く続くにはきっとワケがあると思うからだ。ましてやこの街では、長く続けても褒められる機会が少なく、だからこそ、そのスゴサを讃える場を作りたかったというのが本音である。

そこで、和食、洋食、中華、焼き鳥・居酒屋、喫茶・スイーツなど多岐にわたるジャンルの中から、25年以上続く店を取材させてもらい、一冊にまとめたのが本書である。セレクトした店は、独断と偏見に満ちているかもしれない。しかし、選ぶ基準はこれまでの著作と同じく、①料理人の手間のかけ方、②客への対応ぶりとサービス、③見合う値段、という三つの条件を軸にしている。

それにしても、40年に及ぶ取材生活を通じていつも痛感させられるのは、〝店は人なり〟という事実である。いい店は、経営者（店主）が明確なポリシーを持ち、人柄も温かい。そして、今が決して最高のレベルでなくとも、そこを目指して奮闘を続け、謙虚さも持ち合わせている。

そんな、この街で頑張っている人たちの肌ざわりや人情までが伝わる本に仕上がっていたなら、うれしい限りだ。

和田 由美

＊本書は、北海道新聞朝刊連載「さっぽろ老舗グラフィティー」の平成24年4月14日～平成27年6月26日にかけて掲載された記事の中から69軒をセレクトし、加筆・修正したものです。
＊本書の内容とデータは平成27年7月現在のものです。メニュー料金は原則的に8％税込で表記しました。

さっぽろ味の老舗グラフィティー＊目　次
old restaurant graffiti in Sapporo

はじめに……2

Ⅰ　和食

東寿し（すし・明治8年）……10
菊鮨（すし・大正12年）……12
豊寿司（すし・昭和53年）……14
匠鮨（すし・平成2年）……16
板前料理 大和家（板前料理・昭和29年）……18
古艪帆来（郷土料理・昭和51年）……20
蛯天 本店（天ぷら・昭和25年）……22
関西風串かつ 活（串かつ・昭和45年）……24
はちわか 本店（弁当・昭和11年）……26
ありんこ オーロラタウン店（おにぎり・昭和55年）……28
お好み焼き風月 エスタ店（お好み焼き・昭和42年）……30

Ⅱ 洋食・中華

レストランにしかわ（洋食・昭和34年）……34
味かつ（洋食・昭和39年）……36
スカイレストラン ロンド（洋食・昭和48年）……38
独多日（洋食・昭和54年）……40
洋食屋 グリルラパン（洋食・昭和58年）……42
イル・ド・フランス（フランス料理・昭和60年）……44
トラットリア・トレンタ（イタリア料理・昭和59年）……46
カリーハウス コロンボ（カレー・昭和48年）……48
ミルチ（カレー・昭和57年）……50
中華料理 香州（中華料理・昭和34年）……52

Ⅲ 肉料理

元祖 京城屋（焼き肉・昭和25年）……56
炭火焼肉 ピョンヤン冷麺 三千里（焼き肉・昭和26年）……58
北光園（焼き肉・昭和30年）……60
焼肉亭（焼き肉・昭和57年）……62
ジンギスカン 義経（ジンギスカン・昭和37年）……64

さっぽろジンギスカン 本店（ジンギスカン・昭和62年）……66
ステーキハウス29（ステーキ・昭和61年）……68
とんかつ すみだ川（トンカツ・昭和50年）……70
すき焼三光舎（すき焼き・昭和44年）……72
牛タン専門店 北福仁（牛タン・昭和61年）……74
北海しゃぶしゃぶ（しゃぶしゃぶ・昭和41年）……76

Ⅳ 麺

そば処 東家寿楽（そば・大正7年）……80
だるま軒（ラーメン・昭和22年）……82
うどん亭（うどん・昭和51年）……84
やきそば屋（焼きそば・昭和51年）……86
ビッグジョッキ（ビアホール・昭和60年）……88
立ち食い ひのでそば（立ち食いそば・昭和46年）……90

Ⅴ 居酒屋・焼き鳥

炉端焼き ウタリ（居酒屋・昭和29年）……94
うまいもんや やまさ（居酒屋・昭和30年）……96

グランド居酒屋富士 すすきの店（居酒屋・昭和40年）……98
居酒屋 鳥魚（居酒屋・昭和48年）……100
食事処 葵（居酒屋・昭和50年）……102
居酒屋 たいへい（居酒屋・昭和53年）……104
家庭料理 まさき（居酒屋・昭和57年）……106
居酒屋 楽屋（居酒屋・昭和57年）……108
おたる魚一心（居酒屋・昭和60年）……110
居酒商 古典家（居酒屋・昭和60年）……112
春帆（居酒屋・昭和60年）……114
くいしんぼうの店 おおみや（居酒屋・昭和63年）……116
武鳥（焼き鳥・昭和20年代初め）……118
やきとり錦（焼き鳥・昭和32年）……120
鳥のきんちゃん（焼き鳥・昭和51年）……122
焼鳥 龍美（焼き鳥・昭和51年）……124

Ⅵ 喫茶店・スイーツ

喫茶 ロア（喫茶店・昭和33年）……128
純喫茶 オリンピア（喫茶店・昭和39年）……130
喫茶 トップ（喫茶店・昭和43年）……132

茶房アトリゑ（喫茶店・昭和43年）……134
café ひので（喫茶店・昭和46年）……136
カフェ＆バー キルト（喫茶店・昭和52年）……138
フランドール22（スイーツ・昭和11年）……140
かど丸餅店（スイーツ・昭和15年）……142
雪印パーラー 本店（スイーツ・昭和36年）……144
和菓子 あさぶ一力（スイーツ・昭和37年）……146
タケダ製菓（スイーツ・昭和39年）……148
和洋菓子フジヤ（スイーツ・昭和44年）……150
洋菓子店 マスカット・ボア（スイーツ・昭和54年）……152
きのとや 白石本店（スイーツ・昭和58年）……154
ショコラティエ マサール 本店（スイーツ・昭和63年）……156

〈コラム〉記憶の中の老舗
和食編　32／洋食編　54／肉料理編　78
麺編　92／居酒屋・焼き鳥編　126／喫茶店編　158

【対談】《小檜山博×和田由美》懐かしの老舗・名店あれこれ……159

あとがきにかえて……166

I

職人の技と工夫に教わる
日本人に生まれた歓び

和食

明治8（1875）年◉すし

東寿し

〈あずまずし〉

●住　　所　中央区南4西3 KITAKO S4ビル7・8階
●電話番号　（011）261・7161
●営業時間　11時～22時（ラストオーダーは21時45分）
●定 休 日　なし（平成28年度より水曜定休の予定）
★北のにぎり　3240円

北海道初のノレン掲げたすし屋

「平成27年に創業140年を迎えました」とさりげなく話すのは、「東寿し」七代目店主の冨永裕美さん。数を重ねた老舗の取材だが、これほど古い歴史を持つ店はここくらいだろう。

そもそもは、東京・浅草出身の初代・竹原定吉が、札幌の料理屋の草分け「東壽司」を中央区南3西1で、明治8年に開いたのが始まり。北海道で初めてすし屋の暖簾《のれん》を掲げた店だそうで、ここが〝すし屋〟発祥の地という。

やがて南2西2を経て、東京の日本橋で修業を積んだ三代目が、現在地で江戸前寿しを主流とした割烹的な店づくりを進める。その後、四代目は北海道らしいすしの研究に取り組み、創作料理を多数考案している。

昭和47（1972）年には、五代目が自社ビルを完成させるも急逝。あとを継いだ六代目が裕美さんの父親で、56歳の時に脳梗塞で入院したため、裕美さんが32歳の若さで七代目を継ぐ

若くして店を継いだ七代目の冨永裕美さん。度胸がよく人柄も魅力的な女性だ

ことになった。そんな彼女は、「若さゆえにできたことだと思いますが、守るものと変えるべきものがありました」と振り返る。

平成24年に土地とビルを売却し、同26年、跡地に建った新ビルの7、8階で再オープン。眺めのよい現在の店舗は、昼は日差しを浴びながら歓楽街ススキノを見渡せ、夜ともなれば煌《きらめ》くネオンを見下ろせる眺めのよさが自慢だ。

イス席の7階フロアはバリアフリー仕様。8階には掘りごたつと小上がり、さらに喫煙可能なカウンター席を用意するなど、幅広い客層に対応している。「旬と産地を大事にしたい」と熱っぽく語る七代目が提供する料理を、まずはランチで試してみてほしい。

蛇足ですが……

ランチタイムは中休みがなく、日曜も営業するので、休日でも気軽に利用できマス。

大正12（1923）年◉すし

菊鮨

〈きくずし〉

●住　所　中央区南5西3
グランド太陽ビル1階
●電話番号　（011）511‐9357
●営業時間　17時～翌2時
●定休日　日曜
★北海にぎり　2700円
★本日のおまかせにぎり　3996円
★うに土瓶蒸し　1944円

四代に渡って受け継がれる伝統の味

大正期創業の地場を代表する老舗すし店である。江戸っ子で義太夫の名人だった初代の広瀬俊一郎が、関東大震災を契機に来道し、大正12年に現在の中央区南4西3で開業した。

70年代前半、グルメの先達に「ここの職人の握りは名人芸だから覚えておきなさい」とご馳走になったのが最初だった。まだ20代だったから、「シャリがふわっとして、うまかった」というおぼろげな記憶しかないが……。

四代目の加藤吉弘さんによると、それが祖父で二代目の広瀬弘次さんだった。「昭和28（1953）年頃に、築地からネタを航空便で仕入れ始め、同41年にはすしの単価を道内で初めて店頭に表示したと聞いています」。

進取の精神に富む二代目ならではの、先駆的な取り組みだった。無口で職人肌の弘次さんにかわいがられた吉弘さんは、小学生の頃から魚のおろし方を教わっていたという。

「よその飯を食ってこい」と先代にいわれ、東京で修業を積んだ四代目の加藤吉弘さん

次男坊だった二代目は、本家「菊鮨」から独立し、「菊鮨中央亭」（南4西4）を開店。のちに本家が閉店したため名を継いだ。現在地に移ったのは、三代目・加藤繁一さんの時代である。

その頃、友人に教わったのが名物「うに土瓶蒸し」。世の中に、これほどおいしい吸い物があるのかと感動したもの。礼文島の網元の家に生まれた三代目（吉弘さんの父親）が考案した一品だ。また、初代から受け継ぐ「マグロの筋抜き」も健在で、「よそであまりやらないのは、手間よりロスが出るからでしょう」と吉弘さん。

伝統の味を良心的な価格で楽しめるだけに、7割が常連客。この街で四代続くこの店の存在を、もっと知ってもらいたいものだ。

蛇足ですが……

今、ラフィラ（旧松坂屋）のある場所に菊鮨があったこと、覚えている人は少ないだろうなあ。

昭和53（１９７８）年◉すし

豊寿司

〈ゆたかずし〉

選りすぐりのネタ職人芸でタンノウ

「昨年は戸井産でしたが、今年は大間産の本マグロ２５５kgを一本買いしました」と平成24年の取材時、うれしそうに話していた店主の豊岡昭さん。津軽海峡の本マグロは、獲れるや否や東京の築地市場へ運ばれ、なかなか道民の口には入らない。それをこの店では丸ごと仕入れており、ネタの厳選ぶりは徹底している。

●住　所　中央区南5西4
●電話番号　（０１１）５３１・７４４１
●営業時間　17時30分～24時
●定休日　日曜・祝日
★一人前　予算３０００円～
★お好み　予算５０００円～

釧路生まれの豊岡さんは高校卒業後、親戚が小樽で営むすし屋を振り出しに、札幌や東京などで修業。独立してススキノに店を構えたのは、昭和53年のこと。カウンター7席に小上がり2卓のこぢんまりとした店内だが、素材に対する店主のこだわりは半端ではない。

　春シャコはパサパサするので、銭函沖の秋シャコを大量に仕入れて通年出す。ウニは季節で利尻産や積丹沖産などを使い分ける。イカやボタンエビは活魚のみを使う——。そんな店主ならではの魚談義を、カウンター越しに聞きな

頑固一徹な店主・豊岡昭さん（左）と、息子さんで二代目の孝史さん

がら味わうと、すしがますますうまくなりそう。

人気のネタは、①マグロ、②活ボタンエビ、③活ヒラメ。締めに、有明産の上等な海苔で巻いた子持ち（カズノコ）昆布を味わえば、ほんわか幸せな気分に浸れるはず。なによりも、本州から訪れた客人が食べ終わったあと、一様に喜んでくれるのがうれしい。つまり、昔ながらの飾らない職人仕事を堪能できる店なのだ。

「すし屋をやってよかった。やめたいと思ったことは一度もありません」と語る豊岡さん。その傍らで、息子さんで二代目の孝史さんが黙々と仕込みを続ける。「今は息子がメインです」とうれしそうに語る初代。親子二代で営む昔ながらのすし屋、ススキノで健在なり、である。

蛇足ですが……

好きずきだけれど、大将のネタの講釈を聞きながら食べると、もっとおいしくなるヨ！

平成2（1990）年◉すし

匠鮨

〈たくみずし〉

道産ネタによる道産子のためのすし屋

高級店と庶民的な店の二極化が進むすし屋だが、「匠鮨」店主の東原健次さんは、「できるだけ安くておいしいすしを提供したい」との思いで、気張らずに仕事をこなしてきた。

稚内生まれの東原さんは、高校卒業後、東京の「寿司田」に入り、大阪、郡山、盛岡などの支店で13年ほど修業を積んだ。「関西の人は、味に見合う値段かどうかはっきりいってくれるので、とても勉強になりました」と東原さん。

その後、故郷の北海道で独立するべく札幌へ移り、地元の老舗すし店に勤務する。そして平成2年、かつて札幌本多小劇場が入っていた旧アンドレアビル（中央区南2西8）で独立を果たし、その10年後に現在地へ移転している。

この店の特徴は、カウンターにネタケースがないこと。普段は氷の入ったネタ箱に入れ、必要な時に取り出して使う。「冷蔵庫のない時代はこうしていたようです。鮮度は保たれます

●住　所　中央区南2西7
第3サントービル地下1階
●電話番号　（011）272・3660
●営業時間　11時30分～22時
（ランチは～14時）
●定休日　日曜
★桃（握り）　1080円
★ランチ（全5種）　各865円

飾らない人柄の店主・東原健次さんは、カメラが苦手というシャイな一面も

し、無駄も少ないですね」と東原さん。
目利きの店主が選ぶ北海道らしい自慢のネタは、ニシン、サンマ、イワシなど旬の光りもの。そこに、春先には春シャコが加わり、秋はシシャモ、冬はカキやタチなどがそろう。また、シャリには減農薬栽培の当別産ななつぼしを使用。さらに、店主が吟味した道内各地の地酒が常備されているのもうれしい。
いうなれば、道産子の店主による、北海道の魚介類と地酒を楽しむ、道産子のためのすし屋なのだ。しかも、これほど素材へのこだわりを持ちながら、握りが1カン200円からというリーズナブルさ。まさしく、庶民の味方と呼びたいすし屋である。

蛇足ですが……
南2条通に面したビル地下にあり、ランチ営業もやっているのでぜひお試しを！

昭和29(1954)年◉板前料理

板前料理 大和家
〈やまとや〉

看板からも漂う濃厚な昭和の匂い

「このあたりで今も木造の建物は、うちと時計台くらいのものです」と語るのは、二代目店主の原良一さん。時計台裏の仲通りに面した2階建ての店舗は、看板に〝寿し、天ぷら、うなぎ〟の文字が並び、昭和の匂いが濃厚に漂う。

そもそもは、昭和21年創業の小樽本店がルーツのこの店。そこで修業を積んだ原さんの父で初代の敬二さんが、同29年に札幌で分店として開業したのが始まりだ。が、その2年後に敬二さんが亡くなり、長らく経営母体は小樽本店だった。やがて昭和59年に独立を果たし、平成4年になって原さんが二代目を継いでいる。

ランチで訪れるといつも、すしにするか天ぷらにするか、はたまた幕の内弁当にするか大いに迷う。さらに、知る人ぞ知る人気のカツ丼もあって、悩みは深まるばかり。先日、思い切ってカツ丼を頼んでみた。衣からして柔らかいカツは、口中でほろりと崩れ、あっさりとした味

●住　所　中央区北1西2
●電話番号　(011)241-6353
●営業時間　11時～15時、16時30分～22時30分
●定休日　日曜・祝日
★かつ丼　950円
★生寿し　1250円～
★天ぷら定食　1250円

朝8時半から夜12時まで仕事に没頭するという、働き者の二代目・原良一さん

つけもあってすんなり胃に納まった。

「メニューには出していませんが、小樽時代からの名物〝ケチャップかつ丼〟もあるんですよ」と原さんが教えてくれた。これは、ゆでたタマネギをケチャップで炒め、カツと一緒にご飯にのせて、その上からケチャップとトンカツソース、天丼のタレを合わせてかけたもの。メニュー表にはないが、注文があれば作ってくれる。

これまで、雑誌の対談や打ち上げの会場など、さまざまな場面でこの店を使わせてもらった。それだけに、以前と変わらぬ佇まいを眺めていると、懐かしい思い出の数々が脳裏をよぎる。と同時に、店内に漂う昔ながらの庶民的な雰囲気に、心がほっとさせられるのだ。

蛇足ですが……

夜ともなれば、2階の座敷で40人を超える宴会が難なくこなせるほか、イス席の個室もある。

昭和51（1976）年◉郷土料理

古艪帆来

〈ころぽっくる〉

●住　　所　中央区南4西4
　　　　　　松岡ビル3階
●電話番号　（011）241・4646
●営業時間　15時～23時30分
　　　　　　（金・土曜は～24時30分）
●定 休 日　なし
★旬の刺身盛り合わせ　1490円～
★特大シマホッケ焼き　1922円

本格郷土料理と鮮度抜群の魚介類

ススキノ交差点そばにある郷土料理店「古艪帆来」は、とてつもなく店内が広い。かつて大型キャバレーだったワンフロアーの約300坪を使い、最大定員100人の個室とテーブル席を合わせて約300人を収容できるのだ。

初代の伊藤末子さんが、生命保険の外交員を経て、旧日本生命札幌ビルの地下でこの店を開いたのは昭和51年のこと。しかし、官庁街のビルでは年中無休の営業が難しく、その6年後に現在地へ移転した。現在、女将として現場に立つ佐々木貞子さんは、初代の姪にあたり、平成26年に病で他界した夫の跡を継いで、息子たちと一緒に店を切り盛りしている。

広々とした店内と聞くと、落ち着かない印象がある。でもここは、古材を使った梁やれんが壁の間仕切り、民芸風の木製柵など、移転時から変わらぬ内装が穏やかな空気感を生む。

女将のもとチームワークよく働くのは、長男

ツーピースがよく似合う女将の佐々木貞子さんと、専務で次男の和宏さん

で社長と板長を兼務する宏充さん、専務で次男の和宏さん、店長で三男の英典さんの3兄弟。みな根室育ちだけに、魚介類の鮮度と質には妥協がない。「できる限り旬の素材を仕入れ、その日に使い切るようにしています。だから品切れになることもありますね」と和宏さん。

料理人は板長も含めて12人もいて、郷土料理からタコザンギなどの酒肴まで、すべてを手づくり。さらに、道産の食材を使用した創作料理の開発にも力を入れている。

午後3時には開くので、早い時間はカフェ感覚での利用も可能。もちろん、郷土料理店として本格的なコース料理も用意するので、TPOにあわせて席やメニューを選んでほしい。

蛇足ですが……

入口横に置かれた木彫りのコロポックル人形と看板が、古めかしくて素敵。お見逃しなきように。

昭和25（1950）年◉天ぷら

蛯天 本店

〈えびてん〉

●住　所　中央区南4西3
●電話番号　（011）231・2960
●営業時間　11時〜23時（日曜・祝日は〜21時、月に数回の中休みあり）
●定 休 日　水曜
★上天丼セット　1100円
★蛯天丼　1600円

先代から受け継ぐ独自の揚げ方

ススキノを東西に横切る国道36号に面した、昭和25年創業の天ぷら専門店である。士別出身の初代・八木實さんが、戦前からあった店を引き継ぎスタート。弟の敏夫さんは分家して、「蛯天分店」（中央区南2西4）を出している。

二代目の八木久雄さんによると、「うちの揚げ方の特徴は、浮いてくる花（天玉）を寄せ集めて、タネに絡めること。昔は捨てていた天カスを無駄にしないため、初代が考案しました」。

久雄さんは、10年余り本店に勤めてから板前修業に出て、先の支店を経て平成17年に二代目を継いだ。「常連の方からは当初、揚げ方が以前と違う、天丼のタレの味が違うなど、散々いわれました。でも、少しも変えていないんです」と苦笑いする。実は先代の頃から、塩分を控え目にしてツユの味を薄くするなど、時代に合わせて微調整を重ねてきたという。

お好みの人気ベスト3は、①エビ、②キス（本

幅広い客層に満足してもらおうと、店頭で心を配る二代目の八木久雄さん

州から取り寄せて使用)、③アナゴ。店名が店名だけに、エビの天ぷらは特に念入りに仕上げている。中でも昼の人気メニュー「上天丼セット」は、丼からはみ出しそうなほど大きなエビ天が2本のり、香の物や味噌汁もつく。

かつては昭和レトロな木造家屋だったが、隣接地にホテルが建つのを機に平成18年、現代風の店舗にリニューアル。が、今も月の大半は中休みを取らず通しで営業する。「お客さんが、いつでも食べにこられるようにね」と久雄さん。

ススキノという場所柄、夕方に昼ごはんを食べる客もいるだけに、さもありなん。今度は、天ぷらを軽く食べてから深酒のスタートを切る〝粋な飲み方〟をしてみたいものだ。

蛇足ですが……

「天政」「はげ天」「八巻」など、かつての人気店は軒並み店じまい。今やここは希少価値の店デス。

昭和45（1970）年◉串かつ

関西風串かつ 活〈かつ〉

立ち食い感覚の大阪ソウルフード

関西風の串かつは、立ち食い感覚の気軽なフライ料理。この店では、ひと口サイズの串が1本90円＋税で食べられ、途中でストップしなければ50本＝50種を次々と味わうことができる。

店主の潮崎昌隆さんは福岡生まれ。大学を卒業後、大阪でサラリーマン生活を送っていたが、昔から憧れていた札幌で暮らすことを決意し、27歳で会社を辞めて来札。当時のススキノには、関西風の串かつを味わえる店がほとんどなかったことから、現在地で昭和45年に創業した。

大阪で修業はしたものの、素材によって揚げる温度が微妙に異なるため、当初はかなり苦労した。「串かつを甘く見ていました」と潮崎さんは笑う。昭和60年にビル化されたが、カウンター10席のみの造りは開店時から変わらない。

ソースはオリジナル、洋ガラシ、塩の3種があり、皿に置く位置でどれを使えばいいかわかるようになっている。人気ベスト5は、①しょ

●住　所　中央区南6西4 プラザ6・4ビル2階
●電話番号　（011）521・5168
●営業時間　18時〜翌2時30分
●定休日　日曜
★串かつ（一本）　90円（税別）
★ビール（中ビン）　620円（税別）
★白ワイン（シャブリ）　4500円（税別）

気さくで明るい人柄の店主・潮崎昌隆さん。おしゃべりが途切れることはない

うがの豚巻、②ささみの大葉巻、③コンニャクのゆず味噌、④パイン、⑤ミョウガ。

「お好みで揚げられないのは、素材ごとに揚げる温度が違うため、自分ひとりでは対応しきれないからなんです」と、たったひとりで店を切り盛りする潮崎さん。平均的な本数は36本前後だが、これまでの最高はなんと125本。サラリーマン中心の客層ながら、驚くことに食べたのは30歳くらいの若い女性だったとか。

さて、奈良漬3枚で酔っぱらうほどアルコールに弱い潮崎さんだが、おしゃべりは素面のまま連射砲のごとく続く。店主自ら「罪にならない程度のウソばかり」という会話を肴に、関西スタイルを満喫してみてはいかが。

蛇足ですが……

串かつもおいしいけれど、福岡生まれの店主が放つ、爆裂トークもいい味だヨ。

昭和11（1936）年◉弁当

はちわか 本店

もとはすし屋だった市電通の弁当店

仕出し弁当の片隅で、申し訳なさそうに縮こまっているナポリタンが好きだ。派手さのない味はもとより、暖色系の少ない中、ニンジンとともに彩りで大いに貢献しているのもいい。そんな昔ながらの弁当が人気を博す専門店が、市電行啓通停留場前にある「はちわか本店」。

店主の八若晋二さんによると、「祖父の長次が昭和11年、現在地で開いた飲食や物販の店が始まりです」。戦後は「若寿司」を営み、昭和38年に晋二さんの父親・晋作さんが商店に衣替えする。その8年後、弁当を販売したところ、「もとはすし屋なので、上等のノリと米を使って腕もたしか。すぐに行列ができたそうです」。

なにしろ晋作さんは研究熱心。割烹レベルの味をと、冷めてもおいしい弁当を目指した。そのため、米のブレンドを何度も試し、醤油や調味料をスポイトで一滴ずつ計って味つけを探求。フライのパン粉も自家製と素材を選び抜いた。

●住　所　中央区南14西7
●電話番号　（011）511・5370
●営業時間　10時～13時（売り切れ次第閉店、仕出しの予約は前日～13時※1日1200食）
●定休日　日曜・祝日
★石狩弁当　890円
★おかずライス弁当　700円

父親が作り上げたレシピをもとに、伝統の味を守る店主の八若晋二さん

「先代が苦労して作り上げた基本レシピをベースに、時代に合わせて少しずつ変えているだけです」と晋二さんは至って謙虚だが、人気の味を守り続けるのは簡単なことではないはずだ。

創業以来の定番弁当は、紅鮭の切り身が入った「石狩弁当」と、フライやナポリタンの入った「おかずライス弁当」。味のよさと量の多さに加え、美しい詰め方が食欲をそそる。

いつも飛ぶように売れているが、「手間がかかる上に食材は値上がりする一方。なのに値段は据え置きなので利益率が低いんです。でも、父の作った〝はちわかの味〟は守っていきます」と晋二さん。変わらぬポリシーと誠実な努力にこそ、老舗が愛され続ける秘訣がありそうだ。

蛇足ですが……

ＪＲ苗穂駅そばの北２東11には、「苗穂支店」（℡011・222・4718）もありマス。

昭和55（1980）年◉おにぎり

ありんこ オーロラタウン店

看板は亡き妻が創作したおにぎり

おにぎりの具は、サケや昆布が一番と思っていた保守的な私が、スタッフに「だまされたと思って食べてみてください」と〝強要〟されたのが、ありんこの「チーズかつお」だった。

ひと口食べて、あまりのうまさにのけぞった。ふっくらとした炊き立てご飯とチーズ、そして和風のカツオ＆醤油の組み合わせが、絶妙なハーモニーを奏でていたからだ。

●住　所　中央区大通西2
　　　　　地下街オーロラタウン
●電話番号　（011）222・0039
●営業時間　8時〜20時
●定休日　なし
★チーズかつお　210円
★ポークたまご　210円
★とん汁　250円

社長の南部均さんによると、このチーズかつおは、平成6年に亡くなった妻のかずえさんが創作したもの。研究熱心なかずえさんは、ピザにヒントを得て、おにぎりの具にチーズを使うことを思いついたのだという。

「その頃、おにぎりの洋風化を研究していて、初めはチーズだけ入れましたが、いまひとつでした」と南部さん。そこで味を引き立てるため、醤油をまぶしたカツオ節を入れたところ、見事にマッチ。平成元年に発売するや爆発的な人気

独自の具材と握りたてのうまさで、コツコツと店を発展させてきた社長の南部均さん

を呼び、サケを抑え今も一番人気だ。

南部さんは、桑園地区で明治時代から続く老舗酒屋の次男坊。前店主から「ありんこ大通店」(平成19年に閉店)を引き継いだのは、昭和55年のことだった。現在は市内に支店をいくつも持つが、「おにぎりで商いができるなんて、思いもしませんでした」と当時を振り返る。

オーダーを受けてから握りはじめるこの店のスタイルは、義母のとし子さんと妻のかずえさんが母娘で築き上げたもの。「妻が残してくれた独創的なおにぎりを、母が陰で支えてくれました」と南部さん。今日も朝から、オーロラタウン店の店先で〝ありんこ〟のように働くのが、名物かあさんのとし子さんである。

蛇足ですが……

具だくさんの「とん汁」が私のお気に入り。唐辛子入りだが、嫌いな人は抜いてくれる心遣いも。

昭和42（1967）年◉お好み焼き

お好み焼き風月エスタ店〈ふうげつ〉

●住　所　中央区北5西2
札幌エスタ10階
●電話番号　（011）218・8002
●営業時間　11時〜22時
●定休日　なし
★ぶた玉　756円
★ぶたチーズ玉　853円
★デラックス玉　972円

お好み焼きを初めて食べた店

ピザを初めて食べた時も衝撃的だったが、お好み焼きにもずいぶん驚かされたもの。当時の私は、札幌南高校2年生。厳寒の2月、学校そばの静修学園向かい（中央区南17西6）に、お好み焼きの店「風月」が開店したのである。

当時の店内はわずか3坪と狭く、カウンター5席のみ。最初は友人に食べ方を教わった。まず、小麦粉のタネと具を混ぜ、それを鉄板にのせてコテ（ヘラ）でひっくり返しながら焼く。最後にソースをかけ、青ノリと削りカツオをまぶせばできあがり。なんて面倒な食べ物だろうと思ったが、慣れるとそれが楽しかった。

そんな小さな店が、今では札幌市内を始め、旭川や苫小牧などに14店舗を擁するまでに成長している。社長の二神《ふたがみ》敏郎さんは、「昭和42年に南高の近くで開店した1号店が、間違いなく創業の地です」と懐かしそうに振り返る。

大阪出身の二神さんは、自衛隊入隊を機に北

旗艦店に成長したエスタ店前で、創業の頃を振り返る社長の二神敏郎さん

海道へ。イカやエビなど食材に恵まれながらも、それを使うお好み焼きの店が少ないことに気づいた二神さんは、「自分で店を開こう！」と思い立つ。最初の店舗は家賃９０００円だった。

その後、郊外でチェーン展開を進めるが、都心部への進出は平成６年になってからのこと。中でもエスタ店は、二神さんが将来の本店候補として期待する旗艦店という。

「創業の地でお世話になった南高出身のみなさんに声をかけられるのが、僕の一番の名誉なんです」と語る二神さん。今なお、南高の同窓会があると自ら出向き、お好み焼きや焼きそばを作るという。そのえびす様のような笑顔を、いつまでも南高生に見せ続けてほしい。

蛇足ですが……
札幌南高校18期生は、この店の草創期にとりわけ貢献したといわれて、結構エバッているの。

記憶の中の老舗《和食編》

板前料理「古屋」の記憶

激減したおでん、天ぷらの店

思い出深い和食の店といえば、板前料理「古《こ》屋《や》」（南５西６、野崎ビル）。カウンターと小上がりだけの小さな店だったが、店内には緊張感がみなぎっていた。当時（1987年）37歳の店主・古屋光昭さんは、関西で本格的な板前修業を重ね、広島の割烹で料理長まで務めた経歴を持つ。

やがて人気を呼び、店も大きくなるが、私は最初の頃の古屋が好きだった。「開店当初は閑古鳥が鳴き、俺の料理がわからなければ来なくてイイと小上がりでふて寝していました」と、古屋さんは語っていたもの。

お吸い物の繊細で奥深い味わい、フグの唐揚げの絶妙なうまさ、広島の地酒・賀茂鶴、毛筆による手書きの品書きや生け花の美など、日本料理店の真髄をここで教わった気がする。

今はなき和食の店の中でも、減少ぶり著しいのがおでん屋だ。昭和のうちに閉めた南３条通の「たこ福」（南３西３）、「愛飲酒多飲江戸おでん」（南３西３、サンスリービル）などが懐かしい。

板前料理「古屋」最初の店舗（1987年）

さらに、丸髷を結ったお母さんと娘さんが、あ・うんの呼吸でコンビを組んでいた「かつや」（北４西４、読売ビル）、駅前通に面したビル最上階の「酒悦」（南５西４、菊良ビル）、元中日の谷木選手が営む「一平分店」（南４西５、つむぎビル）など、ここ数年で閉店が相次いだ。

天ぷらは昭和６年創業の「天政」（南３西３）、初代の見事な頭部の輝きが店名の由来という「はげ天」（南２西３、片岡ビル）、東急デパートの「以志川」などが懐かしい。また、ススキノ東はずれにあった「八巻」（南６西２）も、昭和６年創業の老舗。水と油は合わないからと、当時は珍しい水曜日を定休日にしていたのがおもしろかった。

II

時代の波もなんのその
いつだって庶民の味方デス

洋食・中華

昭和34（1959）年◉洋食

レストラン にしかわ

受け継いで半世紀、これぞ昭和の洋食

「洋食屋」という言葉を聞いただけで、今も心がときめく。というのも、田舎から出てきた10代の私が、真っ赤なケチャップがうねるオムライスやアラジンのランプみたいな容器入りカレーなど、札幌で初めて食べた洋食メニューにどれほど心を動かされたかわからないからだ。

そんな懐かしの洋食を作り続けてきたのが、札幌医大そばの「レストランにしかわ」。その原点は、初代の西川昭二さんが昭和34年、豊平区平岸にあった運転免許試験場前で開いたミルクホールである。のちに「レストラン見晴らし」となり、同45年には、支店として現在地に「にしかわ」を開店。その後、「見晴らし」は閉店している。

二代目の誠一さんは、「デミグラスソースのレシピは昔のまま。大きな寸胴鍋で手づくりするのも変わりません」と胸を張る。そのソースを使う人気の一品が、鉄皿で出すハンバーグステーキ。つけ合わせの野菜と一緒に頬張れば、

●住　所　中央区南1西19
●電話番号　（011）621・2751
●営業時間　10時30分～20時30分（ラストオーダーは20時15分）
●定休日　なし
★スパゲティ・ナポリタン　790円
★ハンバーグステーキセット　1190円
★ポークチャップ　1380円

二人三脚で味を守る、二代目の西川誠一さん（右）とシェフの大村敏夫さん

昭和の味が甦る。初代は今も味に変わりがないかを確認するため、定期的に店を訪れるそう。

そうした味はもちろん、店の佇まいもノスタルジック。列車の座席を思い出させるラシャ地のソファや回転式の調味料置きなど、どこをとっても昭和の匂いがする。「基本を守りながら無理せずにアレンジを加え、新しい客層を開拓しています。レトロだけでは、忘れ去られてしまいますから……」。そう語る誠一さんは、シェフの大村敏夫さんと二人三脚で老舗の味を守る。

作家の檀一雄が愛した「北のイリエ」やオヨヨ通りの「レストランはしもと」など、人気の洋食屋が次々と姿を消した今、昭和の息吹を濃厚に伝えるこの店は掛け替えのない存在だ。

蛇足ですが……

開店以来変わらぬ不動のメニュー、それこそが懐かしの「スパゲティ・ナポリタン」。さすが！

昭和39（1964）年◉洋食

味かつ〈あじかつ〉

ななめ通りにある〝下町の洋食屋〟

東区の通称・ななめ通りが、「ファイターズ通」と改称されたのは、北海道日本ハムファイターズが札幌に移転する前年（平成15年）のこと。近くに屋内練習場ができたのが契機という。

そんな通りの角地に建つ「味かつ」は、〝下町の洋食屋〟というフレーズがぴったりの洋食レストラン。初代の太田勝彦さんが、もと呉服屋だった昭和初期築の木造2階建てを改築して昭和39年に創業。その初代から平成4年に店を受け継いだのが、二代目の福田智さんと妻の厚子さんで、店は半世紀以上の歴史を有する。

福田さんは、札幌グランドホテルの洋食部門で働いていた。そこで、昔から知り合いの太田さんに「店をやらないか」と声をかけられたのが、店を継ぐきっかけに。経験豊富な福田さんだけに、看板のメンチカツの味もすんなり継承できた。「今も変わらず一番人気はメンチカツ。昔より肉の質を上げ、量も多くしています。ハ

●住　所　東区北7東4
●電話番号　（011）711-4650
●営業時間　11時30分～13時30分、17時30分～21時。土曜は昼のみ営業（予約宴会を除く）
●定休日　日曜・祝日
★メンチカツ定食　830円
★ハンバーグ定食　880円

メンチカツをおいしく仕上げるコツを熱く語る、職人気質の店主・福田智さん

ンバーグはネタをこねますが、メンチはこねないでサラッと混ぜるのがコツ」と福田さん。

不動の1番ともいえるメンチカツに続いて、2番オムライス、3番ハンバーグが人気ベスト3。そのほか、コロッケやグラタンなど洋食の定番メニューがそろう。定食が多いので昼だけの店かと思いきや、夜も午後9時まで営業。でも、「時間を守る人があまりいなくて……。9時過ぎに来る人や、11時までゆっくり飲んでいる人もいますよ」と福田さんは苦笑い。

それにしても、客の7割が男性会社員というから、ボリュームがあって手頃な値段が受けているのだろう。ガッツある〝ファイターズ通〟の名に恥じない洋食屋である。

蛇足ですが……

店内にはテーブル席七つと36人収容の奥座敷があり、多人数の宴会も可能。飲み放題もあるヨ。

昭和48（1973）年◉洋食

スカイレストランロンド

360度のパノラマも〝ご馳走〟に

昭和48年、センチュリーロイヤルホテルは、札幌4番目のシティホテルとして誕生した。その目玉として、ホテル開業と同時に誕生したのが、最上階にある回転ラウンジ「ロンド」。

フロアごと360度回転し、フランス料理とワインを味わいながら、札幌の全景を見渡せる画期的なレストランだった。開店以来の名物メニューは、今も愛される「ロブスターグラタン」と「ビーフシチュー」。開店時の値段は残念ながら不明だが、当時のロンドは高級レストランとして女性羨望の的だった。そのため、当初は長蛇の列ができる人気スポットとなり、「1時間待ちは当たり前だったそうです」と、マネージャー兼ソムリエの南昇吾さん。

その昔、ここで友人にディナーをご馳走になったことがある。しかし、回転するスピードが速いせいか、ワインを飲むとすぐに酔いが回ったものだ。南さんによると、「今は1周3時

●住　所　中央区北5西5、センチュリーロイヤルホテル23階
●電話番号　（011）221・3008
●営業時間　11時30分～23時（ランチタイムは～16時）
●定休日　なし
★ロブスターグラタン　2700円
★ビーフシチュー　3024円

ロンドの歴史と魅力を熱く語る、マネージャー兼ソムリエの南昇吾さん

間で回りますが、平成22年までは1周2時間、開店当初は1周約1時間で回っていました」。

レール上のフロアがモーターで動くレストランと調理場部分は23階にあるが、客はエレベーターの22階で降りて1階分を階段で上がる仕組みになっている。それがなんともミステリアスで、いやが応でも期待感が増す。

今では1周3時間という緩やかな速度で、360度の景観をゆっくり眺めながら食事を楽しめるロンド。「景色もご馳走です！」と力強く語る南さんの言葉にも納得させられる。また、今もベテランシェフが腕をふるい、地場食材を生かした料理を提供。若いカップルや夫婦、家族連れが、特別な日のために利用するそうだ。

蛇足ですが……

この店のオープン時は、東京スカイツリーも顔負けの人気ぶりだったことが思い出される。

昭和54（1979）年◉洋食

独多日
〈ひとりたび〉

仕込みじっくり、職人の手料理

特注の木製テーブルとイス、れんが造りの壁、あちこちに飾られた手彫りの看板や流木のオブジェ……。昼も夜も柔らかな電球の光に包まれた店内は、家庭的なぬくもりに満ちている。

店主の荏原《えはら》孝治さんが、札幌全日空ホテルのシェフを経て、この店をオープンしたのは昭和54年のこと。ユニークな店名は、「フォークソングをやっていた友人のオリジナル曲から、タイトルをもらったそうです」と妻の典子さん。

寡黙で職人気質の孝治さんは、料理をすべて手づくりし、仕込みにも時間をかける。典子さんが「これでも減らしてもらったんです」と苦笑するほど料理の数は多く、値段もリーズナブル。人気メニューは、①その日の朝に内容が決まる日替わりランチ、②名物のビーフリヨネーズ、③各種ハンバーグ。

中でもビーフリヨネーズは、あめ色になるまで炒めたタマネギに厚切り牛肉を加えて煮込

●住　所　北区北35西5
●電話番号　（011）757・6793
●営業時間　11時～22時（ランチタイムは11時30分～16時）
●定休日　月曜
★カットステーキ　1100円～
★ハンバーグ　670円
★ビーフリヨネーズ　890円

「夫唱婦随」というコトバがぴったりの、息のあった荏原孝治・典子夫妻

み、それをバターライスにのせた一品。これがめちゃくちゃうまい。また見逃せないのは、生豆から自家焙煎するコーヒー。濃厚ながら酸味の切れがよく、後味すっきりで病みつきになりそう。

店内は奥行きがあって広いが、典子さんがてきぱきとオーダーをこなす。「ほとんどが常連さんで、親子三代、四代で通う方も珍しくありません。最近は親子〝五代〟でお見えになる方もちらほらいらっしゃいますよ」と典子さん。

地下鉄南北線北34条駅から歩いて約5分。れんが造りの外観が目印のレトロな店だが、ここでくつろげば、嫌なことがあった日でも元気になれるはず。北区が誇る名店のひとつといっても、いい過ぎではないだろう。

蛇足ですが……

寡黙な料理人の夫とてきぱき注文をこなす妻との「あ・うん」の呼吸が、いいんだなあ。

昭和58（1983）年◉洋食

洋食屋　グリルラパン

受け継ぐ洋食文化のDNA

かつての札幌には、路地裏にひっそり、住宅街のはずれにぽつり、ビジネス街の真ん中にどっかりと、個性的な洋食屋がキラ星のごとく点在し、競い合っていた。そんな洋食屋のDNAを受け継ぐのが、市電静修学園前停留場を降りてすぐの洋食屋「グリルラパン」である。

真っ白なコック帽がよく似合うオーナーシェフの光成《みつなり》高志さんは、札幌生まれ。横浜のレストランを皮切りに、札幌や横浜のホテルで修業を重ね、昭和58年に現在地から2丁離れた中央区南17西8で独立。3階建ての自社ビルを新築・移転したのは、平成13年のことだ。

カウンター8席にボックス五つというシンプルな店内は、オープンキッチンなのでどの席からも調理の様子が見え、期待感に胸がときめく。幼い頃、デパートの大食堂でお子様ランチを待つ間も、こんな気分だったろうか。

人気の洋食ベスト3は、①ビーフシチュー②

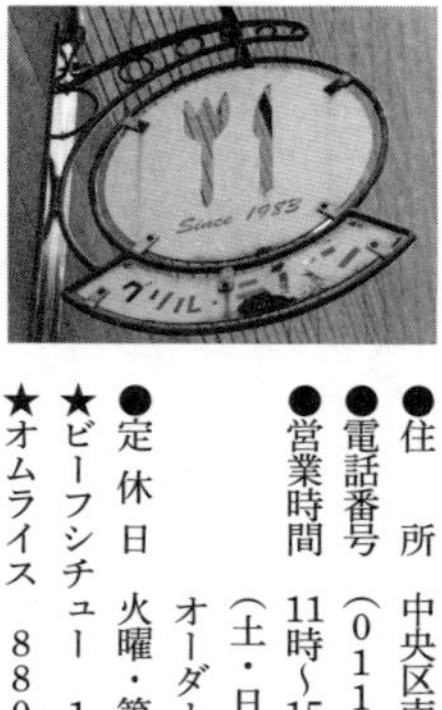

●住　所　中央区南17西6
●電話番号　（011）512‐2695
●営業時間　11時～15時、17時～21時30分（土・日曜は～22時、ラストオーダーは各30分前）
●定 休 日　火曜・第3月曜
★ビーフシチュー　1340円
★オムライス　880円
★ハンバーグ（180g）760円

洋食文化への思いが言葉の端々にあふれるオーナーシェフの光成高志さん

ハンバーグ③オムライス。「うちではこの三つが不動の人気メニュー。客層は若い人から80代まで多彩です。もう日本の洋食は国民食として定着したので、今後は和食のように世界的に認められると思いますよ」と光成さんは力説する。

長い歳月をかけて丁寧に育んできたラパンの味を、光成さんは次代に引き継ごうと、後継者を決めて育てているところだ。「65歳になる平成30年には引退する予定です」とうれしそう。

店名の「グリル」は食堂、「ラパン」とはフランス語でウサギを意味し、かつてパリのモンマルトルにあった有名なカフェにちなむそう。初代の思いを大切にしながら、これからも大勢の人が足しげく通う店であり続けてほしい。

蛇足ですが……

洋食なのに味噌汁がつくのでびっくり。でも光成さんによると、味噌汁は洋食店の定番なのだそう。

昭和60（1985）年◉フランス料理

イル・ド・フランス

フランス料理の神髄を追い求めて

１９８０年代初頭、札幌の街なかに多くのフランス料理店が誕生した。しかし、個人経営で21世紀まで続いた店は数えるほどしかない。その意味で、昭和60年にオープンしたこの店が、今なお健在なのは快挙といえるだろう。

オーナーシェフの泉英晴さんは、スイスやフランス各地の三ツ星レストランで修業を重ね、帰国後は京王プラザホテル札幌に入社。その後、西25丁目で独立を果たし、現在地に移転したのは平成5年のこと。高台にある店舗からは、窓越しに札幌の街を一望できる。

「どこの真似でもない、自分流の味を確立するまでに20年かかりました」と泉さん。これまでも、札幌の米国総領事館で専任シェフを務めるなど、常にチャレンジしてきた。しかし、「もう一度原点に戻って、自分なりにフランス料理の味を極めたいんです」と現在の心境を語る。

平成25年には、一戸建ての1、2階を使って

●住　所　中央区界川２・７・６
●電話番号　（０１１）５６１・００７３
●営業時間　11時30分〜15時、17時30分〜22時
●定休日　火曜
★ランチ　２９００円〜
★ディナー　６５００円〜
★日替りデセール　６３０円

常により上を目指し、果敢に料理に取り組んできたオーナーシェフの泉英晴さん

いた店舗を1階に集約。2階には、新たに手づくりケーキを提供する「サロンドカフェ シェ・イズミ」をオープン。さらに自家菜園を作り、有機農法でカブやトマトなどを栽培している。「採れたての野菜はそのままでもおいしいんですが、ひと手間かけてより素材のよさを引き出すのがフランス料理の神髄なんです」と泉さん。夏の間は、自家菜園で採れた有機野菜だけを使うフルコースがあり、直輸入のフォアグラを使った人気のオリジナル料理なども堪能できる。

この街で長く仕事を続けてきた同年輩であり、〝戦友〟とも呼べる存在の泉さん。いつかゆっくりと茶飲み話ができるその日まで、お互いにもうひと頑張りしたい。

蛇足ですが……

シェ・イズミには、タルト、チーズケーキ、パウンドケーキなどフランス焼菓子が豊富にそろってマス。

昭和59（１９８４）年◉イタリア料理

トラットリア・トレンタ

本格イタリアンの先駆け的存在

店名のトレンタとは、イタリア語で「30」のこと。これは、店主の松島信也さんが昭和59年、30歳にしてこの店をオープンしたことにちなんでいる。期せずして開店30年目に取材で訪れており、これもなにかの縁かもしれない。

平成25年に改装した店内は、シックなアイボリーの壁が、赤いチェック柄のテーブルクロスを引き立てる。「このクロスは、開店時から変わらないトレードマークのようなもの。常連さんから『変えないで！』と懇願されて、残したんです」と松島さんは苦笑する。

１９８０年代半ばの札幌には、まだ本格的なイタリア料理店が少なく、パスタはすべて「スパゲッティ」と呼ばれていた。そんな時代に、少し硬めに茹でた本場のパスタのうまさを、いち早く教えてくれた店のひとつがここ。

小学生にして料理人を夢見た松島さんは、大学卒業後にイタリア料理店「アグリオ１９７９」

●住　所　中央区南1西5
郵政福祉札幌第1ビル2階
●電話番号　（０１１）２４１・０６６３
●営業時間　11時30分～15時、
18時～22時30分
●定休日　日曜
★ランチ　１１８０円～
★スパゲッティ各種　１２９０円～

少し照れ屋の店主・松島信也さんと、接客を一手に引き受ける妻の智子さん

に入り、5年ほど修業して独立。以来、独学でイタリア料理の奥深い世界に挑んできた。

ランチの人気パスタベスト3は、①魚貝入りトマトソース、②魚貝ときのこ、③ウニ入り魚貝。いずれも海の幸を使うのが特徴である。また、隠れた人気が、牛挽き肉ラグーあえのスパゲッティ。ラグーとは肉や魚を細かく切って作るソースで、昔でいえばミートソースのこと。これが、昔を思わせる懐かしい味わいなのだ。

客層は女同士や男同士のグループが多く、カップルが少ないというから不思議。なによりも、黒板に書くメニューの表記を「パスタ」にせず、今も「スパゲッティ」のままにしているのが、オールドファンにはうれしい限り。

蛇足ですが……

ランチにがっつりパスタを食べたい人に最適。このボリュームには、大食漢も満足するはず!

昭和48（1973）年◉カレー

カリーハウス コロンボ

●住　所　中央区北4西4
札幌国際ビル地下1階
●電話番号　（011）221・2028
●営業時間　11時〜20時30分
（土・日曜、祝日は〜19時）
●定休日　不定（お盆、正月休みなど）
★カツカレー　850円
★日替りカレー　880円

毎日食べても飽きない絶品カレー

福神漬けがよく似合う、昔ながらの〝ルーカレー〞が味わえる専門店として、札幌駅前のビル地下で昭和48年から営む。カレーライスが苦手だった初代の藤井一子さんが、自分でも食べられる味を目指したのが、そもそもの始まり。

娘で二代目の藤井亜生子さんは、「毎日食べても飽きないし、胸ヤケもしない、さらりとしたゆるーいカレーです。母が生み出したこの味を守り続けたいと心から思います」と胸を張る。

というのも、亜生子さんが隣に手づくりスープの店を出した時、軌道に乗せるまで苦労したからだ。「私の店と違い、母の店は12席のカウンターだけ。いかに母が苦労して店を築いてきたか、身に染みてわかったんです」と謙虚に語る。

確かに店は狭い。壁には「175cm以上の方、お気をつけ下さい」の張り紙をするほど天井も低い。にもかかわらず、女性スタッフはカウンターで注文を取り、カツを揚げるなどテキパキ

初代である母親が生み出したカレーの味を守り続ける二代目の藤井亜生子さん

と立ち働き、小気味がよいほど。注文後、すぐにカレーが運ばれてくるのは見事だ。

一番人気はカツカレーで、2番手が日替りカレー。エビフライなどメインの具材は日々変わるが、特に人気の煮込みハンバーグカレーだけは、水曜日に固定している。また食材は、減農薬栽培の米や野菜、自然卵の卵など、身体に優しいものを使うよう心がけている。

「9割は常連さんで、男性客が8割を占めます」と亜生子さん。古くからの馴染み客がひさしぶりに訪れ、「まだあったんだ！」と喜んでくれることが、なによりもうれしいそう。創業から40年を経て、変わらず愛され続けるこの店は、札幌駅前の〝宝物〟みたいな存在だ。

蛇足ですが……

どのカレーを頼んでも食後には必ずアイスクリームがつく。このサービスが、うれしいんだなあ。

昭和57（1982）年◉カレー

ミルチ

インドで生まれた〝札幌の味〟

発祥地のせいか、スープカレー全盛の札幌であるにしても、インドカレーの名店「ミルチ」を忘れている人はいませんか？

店主の堀圭子さんは、タータンチェックの綿シャツに短パン、パナマ帽を粋にかぶり、年齢を感じさせない若々しさ。シェフで夫の忠明さんとの出会いから現在までの歴史を一気に語り、あっという間に取材時間は過ぎ去った。

●住　所　中央区南5西20
●電話番号　（011）551・6761
●営業時間　11時30分～22時（ラストオーダーは21時30分）
●定休日　月・火曜（祝日は営業）
★チキン・ド・ピアザ　820円
★チキン・ベイガン　880円
★ラッシー　430円

夫妻が知り合ったのは、今はなきインド料理店「チャンドラー」（中央区南1西10）。片や店長、片や料理人として修業を積んだ二人は、昭和57年に現在地から1丁ほど離れた場所で独立する。たった36席の小さな店だったが、連日満員の大盛況となり、平成8年に現在地に移転。都市景観賞を受賞した3階建てのモダンな店舗は、1・2階合わせて約80席あり、前庭に咲く花々の隙間から顔を出すアヒルのオブジェやピエロの人形がなんとも可愛らしい。

シェフと広報という役割分担で店を大きくしてきた店主の堀忠明・圭子夫妻

ここのカレーは、タマネギと完熟トマトを約30種のスパイスで煮込んだ、体に優しいソースが基本。「料理が大好きで厨房に立つ夫は、家の食卓では味わえないレベルのものを店で出したい、と頑張ってきました」と圭子さん。

開店以来の人気メニューは、素揚げしたタマネギ入りの「チキン・ド・ピアザ」と、研究熱心な忠明さんがたまたま入れたナスの評判がよく、一番人気に成長した「チキン・ベイガン」。このほか、人気の定番カレーが6種類ある。

今や親子三代に愛され、デリバリーでも味わえるミルチのカレーは、札幌を離れた常連さんから〝札幌のソウルフード〟といわれるとか。まさしく、その名に恥じない札幌の味なのだ。

蛇足ですが……

オールド世代には懐かしい〝出初めのコーラ〟のように病みつきになる味なので、気をつけて！

昭和34（1959）年◉中華料理

中華料理 香州〈かしう〉

幅広い客層に愛される大衆中華

ボリュームたっぷりのランチ定食をかっ込む若者、ひそかに人気の広東麺をすする女性客、円卓を囲んでビールを飲みながら一品料理を楽しむグループ――。中華料理の「香州」は、老若男女を問わずあらゆる層に支持され、「この店が嫌いだ」という人に私は会ったことがない。平成22年に店舗を増築したが、それでもすぐに空席が埋まってしまう人気ぶりだ。

●住　所　中央区南3西4
●電話番号　（011）231・5688
●営業時間　11時30分～22時
（土・日曜は11時～、ランチタイムは平日のみ～15時）
●定休日　月曜
★中華風チラシかけご飯　750円
★焼きギョーザ（6個）　660円

旧満州からの引き揚げ者だった初代の佐々木忠夫さんが、この店を創業したのは昭和34年。息子さんで二代目の昌夫さんによると、「その4年ほど前に、叔父がススキノで中華料理店『太陽閣』（中央区南5西3）を開いていました。そこで父は、太陽閣の料理人だった熊谷登さんを料理長に招いて開店したそうです」。

熊谷さんは、小樽で一世を風靡した中華料理店「梅月《ばいげつ》」の出身だった。そのまかないメニューをアレンジし、開店時に熊谷さんの考案した一

ほがらかに歴史を語ってくれた、気取りのない性格の二代目・佐々木昌夫さん

品が、名物の「中華風チラシかけご飯」。炒り卵と豚肉入り野菜炒めをご飯にかけたもので、キクラゲとタケノコの歯ざわりがよく、なんともいえずうまい。また、ホテルのシェフにも愛されるのが、むっちりと皮の厚い焼きギョーザ。「このレシピは、札幌にあった『精華園』の料理人から教わったと聞いています」と昌夫さん。

東京や横浜中華街で修業を積んだ昌夫さんが、札幌に戻ったのは25歳の時。基本メニューは初期に作られたが、ここまでの人気店に育ったのは、時代に合わせて味を変えてきた二代目の手腕に負うところが大きい。中華の名店が次々と姿を消した今、大衆に愛され続けるこの中華料理店は、まさに「老舗」の名にふさわしい。

蛇足ですが……

2階は円卓が並ぶ小上がり席になっている。大型テレビもあるので、日本ハムの試合も見られるヨ。

記憶の中の老舗《洋食編》

初めての洋食に往生

バラエティ豊かだった洋食店

「レストランはしもと」
最初の店舗（1987年）

中学１年の時、羊蹄山麓の町から父の転勤で札幌へ。初めて食べた洋食は、レストラン「ニシムラ」（北４西４）だった。叔父さんが、従妹と一緒にカレーライスをご馳走してくれた。生まれて初めて食べた外食のカレーライスは、アラジンの魔法のランプのような器にルーが入り、平皿にご飯が盛られていた。

中学生としては、ルーとご飯の配分を考えるだけでも大変なのに、ラッキョウや福神漬けの入った器がこれまた面倒。ピンセットのように小さなトングで摘むのだが、なかなか巧くできない。思春期で恥ずかしがり屋だったから、往生したもの。

そういえば、作家の檀一雄さんが生前愛した「北のイリエ」（北３西３）のタンシチューも難儀だった。タンに慣れていないため噛み切るのが大変で、ひどい形相になる。絶対に恋人とは来られないと思ったものだ。

その頃、好きな人の前で物を食べるなんて無理。まだ22歳の純情な乙女だったのだ。それがまあ、どんな時でも好きなものを我慢せずに食べ、大酒を飲むような大人になるとは、思いもよらなかった。こんな女に誰がした！（誰もしてないってば）。

ハンバーグで思い出深い店は、地下街ポールタウンの「チロルハット」。ボリュームがあり、目の前で焼いてくれるのが新鮮だった。メニュー名が、デビルやロレーヌなどとつけられていて、小鉢の野菜サラダはなんとマリアンヌ。70年代の店らしいネーミングである。

そのほか、ハヤシライスが名物の「レストランはしもと」（南１西７）、クリームコロッケの「ココ」（南１西４）、ビーフシチューの「レストランはせ川」（大通西５、千代田ビル）が記憶に残る。

III

肉料理

女子も男子も肉食で
明日の活力しっかり補給

昭和25（1950）年◉焼き肉

元祖 京城屋

〈けいじょうや〉

煙の中で食べたい格安ホルモン

ホルモンって、つくづく不思議な食べ物だと思う。ある日、矢も盾もたまらず食べたくなり、我慢できなくなることがあるからだ。それも、古くから愛される店で、煙がもうもうと立ちこめる中、ガッツリ食べたいもの。

そんな欲望をしっかり満たしてくれるのが、昭和25年に創業した焼き肉とホルモンの専門店「元祖 京城屋」。仲通りの路地裏に面した店舗は、古びた木造モルタル造りで、今にも傾きそうな佇まいが歴史を感じさせる。

正面にある年季の入ったL字形カウンターは、天板に七輪を置くための穴が半円形に切られ、まるで映画のセットさながら。ここに座るだけで、食べる前から期待に胸が躍る。

初代である父親、二代目の母親のあとを継いで、森永作さんが三代目になったのは、平成10年のこと。中学時代から店を手伝っていた永作さんは、「学校が休みの時はいつも店に入らさ

●住　所　中央区南4西1
●電話番号　（011）231・3605
●営業時間　17時～23時
●定 休 日　月曜
★ホルモン　370円
★焼酎　230円
★燗酒　250円

三代目店主の森永作さんと、開店前に下ごしらえを手伝う妻の郁美さん

れるので、休日が嫌いでした」と振り返る。

永作さんの代になって、メニュー数は格段に増えた。とはいえ、一番人気はやっぱりホルモンで、牛タン、サガリ、カルビと続く。いずれも、隠し味に味噌を加えた自家製ダレで味わうのだが、これが実に優しい味わいなのだ。

また、平日の開店から午後9時までは、内臓2品と小ビールに、酒か焼酎2杯（またはハイボールかワイン1杯）がつく晩酌セット1000円もあり、このお得感はスゴイ。

常連客が8割というのも納得のこの店。無煙ロースターじゃないと、という若い世代など論外だ。ホルモンの醍醐味は煙もうもうの中で食べてこそのもの、と断言しておきたい。

蛇足ですが……

味噌が隠し味の自家製ダレは、ガツやコブクロ、軟骨など、どんな部位にも合うんだなあ。

昭和26（1951）年◉焼き肉

炭火焼肉 ピョンヤン冷麺 三千里〈さんぜんり〉

●住　所　中央区南4西1
●電話番号　（011）251・7641
●営業時間　17時～24時
●定休日　月曜（祝日の場合は営業）
★カルビ　850円
★ピョンヤン冷麺　1100円
★白菜キムチ　400円
★ユッケジャンスープ　800円

初代から伝授された本場の味

通称・ススキノ大通こと国道36号に面して建つ「三千里」は、札幌に今も続く焼き肉専門店の中で、最も古いといわれる。二代目店主の金成克さんによると、「朝鮮半島から北海道に渡ってきた両親が、昭和26年に現在地でホルモン屋を開いたのが始まりと聞いています」。

この店では、一貫して極上の黒毛和牛を使い、自家製キムチやコムタンスープなどいずれのメニューも、グレードが高いことで知られる。中でも人気は、名物の「平壌冷麺」。麺にそば粉を練り込んだ朝鮮半島独特の手打ちそばで、注文を受けてから作るため、出てくるまで時間はかかるものの、昔から熱烈なファンが多い。

厨房は、妻の貞美さんが一手に引き受ける。「お嫁に来るまで、料理をしたことがなかったんです」とにこやかに語るが、成克さんの母親で初代の金浜子さんからレシピと味を伝授され、今では大半のメニューをこなす。

おシャレに進化したモダンな雰囲気の店内と、二代目の金成克・貞美夫妻

本場の味を再現しようと、初代はスープの持つコクとうまみにこだわってきた。秘訣は、牛肉や鶏肉を骨ごとぜいたくに使ってダシをとること。その味は、貞美さんが作るキムチチゲやトックチゲなどの鍋料理で堪能してほしい。

一方、プロデューサーに徹する成克さんは、インテリアや仕入、ドリンク類の選定などに気を配る。店内はシックな色合いの内装に、エントツ風の無煙ロースターがマッチしたモダンな雰囲気だ。単品に加え、焼き肉を盛り合わせたセットメニューも多彩で、おすすめは焼き肉盛りに飲み物がつく「晩酌セット」(１８００円)。時代に合わせたメニューの進化にも、二代目の進取の気性が現れている。

蛇足ですが……

店名は朝鮮半島の俗称。半島の南北の距離が三千里あるといわれたことにちなむそう。

昭和30（1955）年◉焼き肉

北光園〈ほっこうえん〉

不変の味わい、味噌味ホルモン

この店を知ったのは、四半世紀余り前のこと。その頃、私は料理人の取材があると必ず、おすすめの店を聞いていた。それに答えてあるフレンチのシェフが、「内臓が好きでそれを目当てに行きます」と教えてくれたのがこの店である。

早速訪れてみると、まずホルモンのうまさにうならされた。下味の優しい味噌味とつけダレが、絶妙に合うのだ。それもそのはず、かつて店主の金清さんを取材した時、「カツオだしを生かしたこのつけダレができるまで、2年もかかりました」と話していたからだ。

そんなことを思い出しながら、ひさしぶりに訪れると、ホルモンの味わいは少しも変わらず、ミノやサガリなども実にうまい。変わったことといえば、木造2階建てだった店舗が、4階建てのビルになったことくらいだろうか。

釧路生まれの金さんは二代目。妻の母親である文王順さんが、昭和30年頃に中央区南4東1

●住　所　中央区南5東2
●電話番号　（011）512-5970
●営業時間　16時～24時
●定休日　不定
★ホルモン　378円
★サガリ　702円
★上ミノ　918円
★ビビンバ　594円

こぼれんばかりの笑みを浮かべながら、三代目のことを話す店主の金清さん

で開いた店が原点である。昭和53年に現在地へ移転後、二代目を継いだ金さんは、妻と二人三脚で居酒屋に対抗できる店を目指してきた。

昔から「客を待たせない」がモットーの金さんだけに、「体力が勝負」とジョギングに励んできた。ところが今では、「ジョギングは卒業して、ウォーキングにしています」とにこやかに笑う。

もうひとつ昔と違うのは、息子の旦龍《たんりゅう》さんが店を立派に切り盛りしていること。ゆずサワーなどドリンク類を充実させ、店内にレトロなインテリアを配するなど工夫を凝らす。跡継ぎがなく、やむなく老舗の暖簾を下ろす店も多い中、上手に世代交できたこの店の存在は心強い。

蛇足ですが……

その昔、ベストセラーを記録した『さっぽろ食べたい読本』の打ち上げで、使わせてもらったっけ。

昭和57（1982）年◉焼き肉

焼肉亭
〈やきにくてい〉

定評ある手間ヒマかけた仕事ぶり

ススキノのど真ん中にあるビル地下で、30年以上続く焼き肉専門店である。店主の坂井幸男さんは、中央区で生まれ育った生粋の札幌っ子。大阪の辻料理専門学校を経て神戸のステーキ店に勤め、そこで妻の昌子さんと出会い結婚。札幌転勤を機に独立し、現在地で創業した。

こぢんまりとした店内は、カウンター8席に7、8人が座れる小上がりのみ。とはいえ、肉の鮮度のよさとホルモンなど内臓類の充実ぶりでは、他店の追従を許さない。メニューには軟骨、小肉、仔袋《こぶくろ》、コリコリなどが並ぶが、これは開店当初から。その当時、こうした内臓の部位を出す店は、札幌でも数少なかったと思う。

また、ホルモンを柔らかくするため丁寧に下ごしらえし、日本人の舌に合うコチュジャンを手づくりするなど、手間ヒマかけた仕事ぶりには定評がある。常に味を探求してきた坂井さんだけに、かつては頑固でストイックな印象も

●住　所　中央区南5西4　日劇ビル地下1階
●電話番号　（011）512・4368
●営業時間　18時～23時30分（営業中に連絡すれば時間延長可）
●定 休 日　月曜、第2日曜
★サガリ　900円
★上牛タン塩　1400円

笑顔が肉の味わいを引きたてる店主の坂井幸男さんと、シャイな性格の妻・昌子さん

あった。が、今は白髪が増え、にこやかな笑顔と巧みな会話で客の気持ちを和ませてくれる。

人気の御三家は、①上牛タン塩、②サガリ、③ホルモン。坂井さんは、「焼き肉をつまみに酒を飲み続けてもいいですし、カルビと白いご飯の組み合わせで食事代わりにしてもらってもいいんですよ」と大らかに語ってくれた。

昔のススキノには、大型の焼き肉店が何軒もあったが、閉店したり、郊外へ移転したりと寂しくなった。そう考えれば、生き馬の目を抜く東京以北最大の歓楽街で、小さなこの店が30年以上続いてきたスゴサがわかる。さまざまな困難を乗り越えてきた店主夫妻だけに、ススキノの語り部としていつまでも元気でいてほしい。

蛇足ですが……

いかがわしい雰囲気のビルなので、店の赤い行灯を目印に駅前通側にある東入口から入って！

昭和37（1962）年◉ジンギスカン

ジンギスカン 義経〈よしつね〉

姉妹で守る、味と飾らぬ雰囲気

学生時代に部活のコンパで使わせてもらったジンギスカン専門店「義経」は、北大正門前から歩いて3分ほどの所にある。懐かしい思い出を抱きながら、40数年ぶりに立ち寄ってみた。

平成11年に改築された店舗は、隣に高層マンションが建ったものの、高さ約3mもある巨大な赤ちょうちん形の看板は健在だ。暖簾をくぐると、店主の廣瀬美代子さんがにこやかにお出迎え。東京・深川出身の美代子さんは、昭和37年に現在地で5坪の店を借りてスタート。以来、妹の美津子さん、弘子さんの3人姉妹で営み、平成24年には創業50周年を迎えている。

飲食業の経験なしに店を始めた美代子さんは、「朝10時から店を開き、お客さんが誰もこないので小上がりで和裁をしていたこともあります」と苦笑い。当時の常連は、旧国鉄や北海道大学、道庁の勤め人が中心で、寮が近くにあったことから北大生の利用も多かったという。

●住　所　北区北7西5
●電話番号　（011）716・6801
●営業時間　17時〜23時
●定休日　日曜・祝日
★ジンギスカン　750円
★ラムシャブ　900円
★御飯　170円
★生ビール　500円

半世紀にわたって笑顔で店を営んできた店主の廣瀬美代子さん（左）と妹の弘子さん

看板のジンギスカンは、最初の1年間だけ業者から仕入れたが、その後は自家製で提供。羊肉はマトンを使い、リンゴやタマネギなど20種余りの食材と調味料でじっくり漬け込む。ひさしぶりに食べてみると、甘過ぎずしょっぱ過ぎず、実によい味わいだ。

羊肉料理のほか、季節の居酒屋メニューも豊富にそろう。肉の苦手な高齢者も増えていることから、メニューを少しずつ変えているそう。

その昔、仲間と騒いだ2階の座敷はもうないが、1階奥に50人ほど入る座敷がある。ここでまた、青春時代の仲間と宴を開きたい――。そう思わせるのは、〝お母さん〟こと美代子さんの存在あってのことだろう。

蛇足ですが……

学生時代の仲間が宴を開いてくれたが、スタッフ（全員女性）の心配りはやっぱり素晴らしかった！

昭和62（1987）年◉ジンギスカン

さっぽろジンギスカン 本店

●住　所　中央区南5西6
●電話番号　（011）512－2940
●営業時間　17時～肉の品切れまで
（通常は22時頃）
●定休日　不定（祝日を除く）
★生ラムジンギスカン　900円
★焼き野菜　500円
★生ビール　500円

味の決め手は、肉の鮮度と熟練の技

店主の小林武央さんは開口一番、「5歳ぐらいだった子どもが、自分の赤ちゃんを抱いて夫婦で来てくれた時は、さすがにうれしかったね」と頬をゆるめる。小林さんが脱サラしてこの店を開いたのは、昭和62年のこと。それからすでに四半世紀を超えているが、白いシャツにジーンズ、緑のエプロン姿で店に立つ小林さんは、70代とは思えないほど若々しい。

店舗は古びたプレハブ建築の2階で、座席はカウンター16席のみ。最大の見どころは、客の注文が入ってから肉を切り分ける小林さんの手さばきにある。「長年やってみて、羊肉のうまさは柔らかさと臭みのなさにつきるとわかりました」と小林さん。つまりは鮮度が肝心で、そのために注文ごとに肉をさばいているのだ。

肉はニュージーランド産ラムを使い、初めての客には追加注文ごとにさまざまな部位を出す。そして、その日用意した分の肉がなくなる

若々しいスタイルでジンギスカンの奥深さを語る店主の小林武央さん

と閉店、というスタイルも昔から変わっていない。また、つけ汁にも工夫を凝らし、隠し味に干し貝柱を使うほか、シナモンやバジルなどの香辛料を用いることで、独自の味わいを生む。

その作り方を小林さんは、誰にでも伝授しているそうで、東京にも教えをうけた弟子筋のジンギスカン専門店が何軒もあるとか。とはいえ、肉のさばき方が熟練の域に達するまでには、相当な時間と修練が必要となるため、同じ味を生み出すのは、そう簡単なことではない。

そうして生み出される新鮮な肉を堪能し、残ったつけ汁をジャスミン茶で割って味わえば、至福のひとときを過ごせるはず。疲れている時もつらい時も、明日の元気につながるはずだ。

蛇足ですが……

ディープなススキノにあるけれど、実は芸能人や有名人がこぞって訪れる、知る人ぞ知る名店なのダ。

昭和61（1986）年◉ステーキ

ステーキハウス29〈ツーナイン〉

気軽に食べられるステーキ専門店

たまに奮発して本格的なステーキを食べたいと思っても、リラックスして食べられる専門店は意外に少ない。その点、この店なら安心。店主の菊池正敏さんが開店以来、気軽に食べられるステーキハウスを目指してきたからだ。

カジュアルな雰囲気の店内には、妻・明美さんの柔らかな接客ぶりもあって家庭的な雰囲気が漂う。「小さなお子さんでも、また来てくれるとうれしくて。胃にもたれず、もう一度食べたいと思ってもらえる肉を出そうと、長年やってきた甲斐がありますね」と菊池さんは語る。

東京生まれの菊池さんは、神戸の老舗ステーキ店で11年ほど修業を積んだ。その後、スキーが大好きだった明美さんと一緒に旅で訪れた札幌の街にほれ込み、昭和61年に旧天政ビル（中央区南3西3）で独立。現在地には、平成23年3月に移転している。

さて、どれほど上等な肉でも、その味を左右

●住　　所　中央区北1西2
　札幌時計台ビル地下1階
●電話番号　（011）221-4429
●営業時間　17時〜22時
●定 休 日　月曜・第1火曜
★ステーキ（150g）　5900円
★ステーキコース（150g、スープ・サラダ・ライスなど）　6600円

誠実さがにじみ出る職人気質の店主・菊池正敏さんと、照れ屋の妻・明美さん

するのは焼き方。それだけに、ひとたび菊池さんの手にかかった肉は、柔らかな歯応えとともに、肉汁と醤油ベースのタレが絶妙に絡み合って、ステーキの醍醐味を満喫させてくれる。

かつては一貫して神戸牛を使っていたが、今は産地にこだわらず質のよいものだけを取り寄せ、道産の黒毛和牛も使う。「昔と違って、道内でもよい牛が生産されています」と菊池さんが認めるほど、道産牛もレベルが上がったのだ。

開店から四半世紀以上を経て、肉の世界は大きく変わったが、菊池さんの職人気質は少しも変わらない。「食べ終えて、笑顔でおいしかったといわれるのが、一番うれしいんです」。その誠実な仕事ぶりは、今なお不変である。

蛇足ですが……

札幌のシンボル・時計台すぐそばのビル地下にあり、喫茶店のように気軽に入れマス。

昭和50（1975）年◉トンカツ

とんかつ すみだ川

●住　所　中央区南2西4
●電話番号（011）261・8080
●営業時間 11時〜21時
（日曜・祝日は〜19時）
●定休日　木曜
★カツどん　830円
★カツカレー　800円〜
★ロースかつ定食　1950円

名物・カツ丼は、丸いカツがごろり

先だって、ひさしぶりに「すみだ川」名物のカツ丼を味わった。ごろりと入った団子型の丸いカツと少し濃い目のタレが懐かしく、変わらぬ味に舌鼓を打ったもの。味噌汁と沢庵がつくのも、いかにも昭和から続く老舗らしい。

店主の高野修さんによると、「高齢のため引退した先代から、昭和50年頃に私の母が店を引き継ぎました」。当時の店舗は中央区南3西5にあり、近くにあった高野肉店がトンカツ用の肉を一手に納めていた。その縁で店を引き継いだのが、料理好きの母・香代さんだったのである。

その後、肉を揚げるのは香代さんと高野さんの妻・敏子さん、肉をおろすのは高野さん、という役割分担になっていく。肉屋時代から半世紀以上肉を扱ってきた高野さんは、「見た目、触った目、包丁を入れた目など、肉の目利きになるには経験が必要」と話す。自分で揚げるようになったのは、平成11年からのことだ。

寡黙にトンカツを揚げる高野修さんと、にこやかに応対してくれる妻の敏子さん

この店ではすべてのメニューを、注文が入ってから肉に自家製パン粉などをつけ、ラード100％の油で揚げている。少し時間はかかるが、衣は薄く肉は柔らかで、熱々を楽しめるのが魅力だ。「手間はかかりますが、おいしいといってもらえるのがうれしくて」と高野さん。

ちなみに、最初の店は火事に遭い、現在地へ移転したのは昭和59年のこと。狭く急な階段を上がった2階がテーブル席、3階が座敷になっていて、多人数でも利用できる。

昔の食堂を思わせるノスタルジックな雰囲気の店内に、ひるむ若者もいるかもしれない。でも、勇気を出してカツ丼を頼んでみよう。必ずや若い世代をも納得させる味なのだから。

蛇足ですが……

カツ丼には、丸いカツが見えなくなるほど大量のタマネギがのる。それをかきわけて食べよう！

昭和44（1969）年◉すき焼き

すき焼三光舎〈さんこうしゃ〉

秘伝の味噌を使う独自のすき焼き

寄せ鍋や石狩鍋など鍋は数あれど、やっぱり鍋の王様と呼びたいのがすき焼き。ぐつぐつ煮えた牛肉や野菜を、生卵を絡めて口中に放り込めば、そのうまさに鍋を独り占めしたくなる。

そんなすき焼きの専門店が、大正6（1917）年に旭川で創業した「すき焼三光舎」。札幌店は昭和44年、旧タカダビル（中央区南4西5）で開店している。初代の安江勝七が生んだすき焼きは、醤油や砂糖などで作った割り下を鍋に流し込み、そこに具を入れて煮る関東式で、秘伝の味噌を混ぜた独特なタレを使うのが特徴。一度食べると、忘れられなくなる味わいだ。

そのオリジナルな味噌の作り方をうかがうと、「実は代々、社長しか知らないため、味噌が切れるとすぐに連絡して、旭川から送ってもらっています」と常務の高橋由典さん。まさに、秘伝と呼ぶにふさわしいタレなのである。

長年親しまれた旧店舗から現在地に移転した

●住　所　中央区南4西2
メルキュールホテル札幌2階
●電話番号　（011）513・3548
●営業時間　11時30分～14時30分、
17時～23時
●定 休 日　第1・3日曜
★黒毛和牛ロースすき焼　3100円～
★ランチ　1300円～

二代目自筆の書を生かした個性的な看板と、常務の高橋由典さん

のは、平成21年のこと。店内には札幌出身の画家・片岡球子《たまこ》や豪放な佐藤勝彦の絵が飾られ、すっかり明るい雰囲気に生まれ変わった。

高橋常務によると、「すき焼きに意外と合うのが赤ワイン。しゃぶしゃぶにはシャンパンが合うんですよ」。店のワイセラーには常時約80種がそろい、ソムリエール（女性のソムリエ）もいるので、食べ物に合わせてワインを選んでもらうことができるそうだ。

満足ゆくまですき焼きを味わうなら、多少の出費は覚悟しなければならない。が、一品メニューや各種コース料理もあるのでご安心を。いつか、仲間とすき焼き鍋を囲みながらワインを楽しんでみたい。

蛇足ですが……

誕生日や結婚記念日など、ここぞというお祝いの日に利用したい、まさに高級店である。

昭和61（1986）年◉牛タン

牛タン専門店　北福仁〈きたふくじん〉

親子二代で守る本場・仙台の味

若い頃、「北福仁」で初めて食べた牛タンセットの衝撃が、今も忘れられない。熱々の牛タンにかぶりつくと、うまみのある肉汁がじゅわーっと口中に広がる。テールスープは肉がほろりと崩れるほど煮込まれ、麦めしも歯応え充分。合間に味わう南蛮味噌漬けの辛さに涙ぐみながら、再び牛タンをほお張ったもの。初めての牛タンは、なんとも感動的なものだった。

●住　所　中央区南1西7
ビルヂングフクダ地下1階
●電話番号　（011）251・1819
●営業時間　11時30分～14時
17時30分～22時30分
●定休日　日曜・祝日
★牛舌定食　1600円
★テールスープ　500円

初代の故福田清仁さんが、この店を中央区南3西4で開いたのは昭和61年のこと。独身時代に牛タンの本場・仙台近郊で仕事をした際、清仁さんは名店と謳われた「山梨」に通い詰めた。その味が忘れられず、この店を開いたという。

そんな清仁さんが、事故のため亡くなったのは平成16年のことだった。故人の遺志を継ぐべく、妻の友子さんがオーナーを務め、店長の長男・大輔さん、焼き方を務める次男・雄二郎さんと、母子3人で店を盛り立ててきた。

二代目オーナーの福田友子さんと、長男・大輔さん（左）、次男・雄二郎さんの親子で営む

兄の大輔さんは「飲食店はとても魅力的でよい仕事だと思います。でも、労働の割に儲からず、休みも取れないのが欠点かな」と優しく笑う。というのも、牛タンは下ごしらえでその味が決まってしまうからだ。

皮をむいて血を抜き、スライスしてから「きっぱ」と呼ばれる切れ目を入れ、一枚ずつ丁寧に味つけするというから、気が遠くなりそう。それをじっくり炭火で焼くことで、この店ならではの牛タンの味が生み出されている。

ユニークな店名は、初代の姓名から一文字ずつ取り、仙台より北で営むことから、その上に北をつけたそう。親子二代で守る老舗の牛タンには、親子の思いが込められている。

蛇足ですが……

夜は居酒屋メニューもたくさんあるので、酒場としても利用できる。つまみにタンカツをどーぞ。

昭和41（1966）年◉しゃぶしゃぶ

北海しゃぶしゃぶ

札幌生まれの元祖ラムしゃぶ

この店を初めて訪れた若き日、店名と同じ名前の名物メニュー「北海しゃぶしゃぶ」を食べて驚かされたことは、今も忘れられない。

最近では珍しくなくなったが、鍋の食材がラム肉であることにまずはびっくり。特製鍋を使い、秘伝のタレで食べるラムしゃぶのうまさもさることながら、なんと締めにラーメンが登場。ネーミングの巧さにも感嘆させられたものだ。

●住　所　中央区南4西4
恵愛ビル7階
●電話番号　（011）231-0384
●営業時間　16時～23時
●定休日　なし
★北海しゃぶしゃぶ鍋　2050円
★生ビール　550円

それから半世紀近く経つが、北海しゃぶしゃぶは健在。平成26年に恵愛ビル5階から7階へ移転し、リニューアルオープンしている。その歴史を紐解こうと、恵愛ビルのオーナーでもある店主の吉中新太郎さんにお話をうかがった。

昭和41年の恵愛ビル開業と同時に開店したこの店は当初、サッポロ・ウエシマ・コーヒーが経営。当時のウエシマは、ディスコ「釈迦曼陀羅」やナイトクラブ「ホリディ・イン・ウエシマ」などを経営し、飛ぶ鳥を落とす勢いだった。し

ススキノの変遷を見守り続けてきたオーナーの吉中新太郎さん

かし、ススキノの衰退と歩を合わせるように事業を縮小。店の譲渡を相談された吉中さんは、「店と従業員ごと、すべて引き受けました」。

そのため、ラムしゃぶ誕生の経緯を知る人が残っておらず、伝聞になってしまうのだが、考案したのはウエシマの社員だったという。「その社員の叔父さんが、旧ソ連で料理人として修業した経験を持つことから、秘伝のタレが生まれたと聞いています」と吉中さん。

半世紀近く愛されてきた北海しゃぶしゃぶは、今や札幌の名物。脂肪分が少なく、臭みのないラム肉は、若い女性にも人気が高い。オリジナルなこのしゃぶしゃぶ鍋が札幌発祥であることを、今一度声を大にして伝えたい。

蛇足ですが……

今となっては関係者も他界されていて、誕生の顛末に確証を得られないのが、かえすがえすも残念。

記憶の中の老舗《肉料理編》

私が肥《ふと》った真相とは？

しにせ

個性派ぞろいのあの店この店

かつてベストセラー『さっぽろ食べたい読本』を制作した時、各ジャンルの担当者を希望に沿って決めた。すし、天ぷら、カレーなど、担当はそれだけを食べ続けなければならない。和食系やスイーツは名乗り出る人が多かったが、一番少ないのは肉料理。そこで、焼き鳥、ステーキ、すき焼などの濃いジャンルは、すべて自分で担当した。そのため肥満になったといっても、過言ではない（ホント？）。

すき焼き・しゃぶしゃぶの中では、なんといっても「大手門」（南11西１）が思い出深い。中島公園そばの３階建て店舗は、福山城や名古屋城などと名づけられた部屋があり、圧巻は最大80名収容の大阪城だった。

トンカツでは、箸でもちぎれるほど柔らかい「さっぽろ井泉《いせん》」（南５西９）、昭和ビルにあった庶民的な値段の「かねた」（大通西５）などが懐かしい。

焼肉は、南１条電車通に面した「山麓」（南１西６）が好きだった。肉質のよさもさることながら、ナムル、クッパ、ビビンバなどどれも期待を裏切らない味だった。ところが昭和58年、突如消息不明となりファンをヤキモキさせたが、３年後に大通西23丁目で華々しく再オープンを果たす。その後、いつとはなしにまた姿を消してしまった。

「仔羊亭」最後の店舗（1993年）

村上春樹『羊をめぐる冒険』に登場する羊博士のモデルが出入りした「仔羊《こよう》亭」（北24西４）も、書き留めておきたい店。店主で詩人の忠海光朔《ちゅうかいこうさく》さんは、長らくトンカツ屋を営み、羊博士との出会いからサフォークのラム肉をメインとする羊料理店に衣替えした。南３西５の三条美松ビルに移転後も、ラムかつや名物の自家製ソースなどが愛されたが、平成16年に閉店している。

IV 麺

たかが麺、されど麺——愛を育むドンブリの小宇宙

大正7（1918）年◉そば

そば処 東家寿楽〈あずまやじゅらく〉

釧路の名店・竹老園で修業した初代

地下鉄東西線円山公園駅から歩いて8分のそば処「東家寿楽」は、閑静な住宅街に建つ。三代目で会長の佐藤元治さんによると、そもそもここは、祖父で初代の佐藤孫次郎さんが隠居所にしていた場所。明治期創業の釧路の老舗「東家総本店竹老園《ちくろうえん》」で修業を積んだ孫次郎さんは、大正7年に分家して釧路で独立する。

が、「祖父は食糧難に陥った第2次世界大戦中、釧路から開拓農民として札幌の西野に入植しました」と元治さん。昭和24（1949）年には、中央区南4西1で「東家本店」として再び暖簾をあげる。そして当時、店をよく訪れた三笠宮殿下が、「静かな場所でそばを食べたい」と希望したことから同41年、二代目の正義さんが現在地に店を移し、屋号も「東家寿楽」に改めた。

●住　所　中央区北2西27
●電話番号　（011）611・8659
●営業時間　11時～21時
●定 休 日　水曜（祝日の場合は翌木曜）
★セイロそば、かけそば　各700円
★御膳生粉打ちそば　1200円
★天ざるそば　1600円
★そば寿司　1050円

最初の3年間は赤字続きだったが、宣伝が功を奏したのとクルマ社会の到来もあり、じわじわと客が増えていく。しかし、「床下がシロアリ

父親が受章した旭日章にちなんで命名した「旭日庵」と三代目の佐藤元治さん

にやられましてね、平成11年に全面的に新築して今の店になりました」と元治さん。

現在の店舗は、帯広美術館も手がけた建築デザイナーによる斬新な建物。どの窓からも庭が見渡せ、2階には掘りごたつ席があって、そば会席も楽しめる。またエレベーターを設置し、バリアフリーに心を砕いているのがうれしい。

東家の伝統を受け継ぐそばは、昔ながらの味わい。が、のど越しのよい細めの更科そばと少し辛めのツユの絶妙な組み合わせは、東家系列の中でもここだけだ。また、メニューに塩分を表示するのも珍しい。「進化しなければ時代に取り残されてしまいますから」と元治さん。日々研究を怠らないその努力が、今日も老舗の味を生む。

蛇足ですが……
庭園の藤棚下に設けられた離れ「旭日庵」（冬季閉鎖）も粋な造りなので、ぜひ利用して！

昭和22（1947）年◉ラーメン

だるま軒

●住　所　中央区南3東1
●電話番号　（011）251-8224
●営業時間　11時～17時（スープがなくなり次第閉店）
●定休日　木曜
★正油ラーメン　630円
★味噌ラーメン　680円
★チャーシューメン　880円

札幌に現存する最古のラーメン専門店

創成川イースト地区の「だるま軒」は、札幌に現存する最古のラーメン専門店。富山県出身の西山仙治さんが昭和22年、狸小路2丁目の旧金市舘（現ベガスベガス）前に屋台を出したのがそもそもの始まり。それが評判を呼び、2年後には二条市場の一角に店舗を構える。

それが、今も続く「だるま軒」のルーツで、すでに創業から70年近く経つが、ラーメンの味は当時とあまり変わらないというのがスゴイ。というのも、昭和25年に導入した動力付製麺機が、今も店の地下製麺室で稼動し、昔と同じ製法のまま自家製麺を行っているからだ。

初代の西山さんが数年で店を出たあとは、妻の秀子さんが長らく営み、その弟の大森久蔵さんが昭和55年に二代目を継承。のちに娘さんの和代さんが三代目となる。現店主の加納哲也さんは、大森さんに「暖簾を守ってほしい」と頼まれ、平成24年に四代目となった。「今や伝統の

四代目となって老舗の味を守り続ける店主の加納哲也さん

味なので、変えようがありません」と加納さん。大森さんはこの店と並行して名店「王香《オーシャン》」も営むが、だるま軒を譲ると同時に閉店している。

加納さんは高校卒業後、アルバイト先で大森さんと出会い、スカウトされてだるま軒へ。天候に左右される麺づくりは難しく、教わるというより身体で覚えながら20年が過ぎた。その経験を生かし、一途に老舗の暖簾を守り続ける。

内装や味は一切変えていないが、「唯一変わったといえば、店を継いだ時に僕が結婚したことでしょうか……」。接客担当の新妻・ゆかりさんと、あ・うんの呼吸でラーメンづくりに励む加納さん。その幸せそうな表情を見ているだけで、「ごちそうさま」という感じかな。

蛇足ですが……

ラーメンの具にだて巻が入っているのは、昔、狸小路1丁目裏にカマボコ工場があったからとか。

昭和51（1976）年◉うどん

うどん亭

一番人気は具だくさんの鍋焼き

古くから琴似地区で愛されてきた「うどん亭」は、店主の広瀬直治さんが昭和51年に脱サラし、現店舗の向かい側にあった小さな一軒家で創業した。当時、この通りは行き交う人が少なく、道路も土ぼこりの舞うでこぼこ道。おまけに、近くに小川が流れる実にのどかな環境だったというから、今とは隔世の感がある。

開店時から名物だったのが、大きな土瓶型の土鍋で出される「なべやきうどん」。昆布とカツオでしっかり取った薄味のダシと、タケノコ、カマボコ、厚焼き卵などが入った具の豊富さが特徴だ。さらに、あっさりとした関西風のツユに、手打ちながらほどよいコシのうどんがとてもよく合い、隠し味であるキャベツの甘さとも相まって、一度食べるとクセになってしまう。

店舗は平成8年、現在のビル2階へ移転。外からはわからないが、店内は実に広々している。カウンター8席を始め、ホールにテーブル

●住　所　西区琴似3・2 日の出ビル2階
●電話番号　（011）611・2830
●営業時間　11時～21時
●定休日　月曜
★かけうどん　450円
★冷やしたぬきうどん　680円
★なべやきうどん　1000円

脱サラ後、手打ちうどん一筋の道を歩んできた店主の広瀬直治さん

が32席、窓側には子ども連れでも利用しやすい小上がりが16席あり、ゆっくりとくつろげる。

作り方をうかがうと、「やっていることは昔となにも変わりません。注文を受けてから麺を茹でていますし、ダシのとり方も同じですよ」と広瀬さん。強いていえば、鍋焼きうどんの種類が増えたことくらい。あっさり味の「鍋焼きうどん」に加えて、生卵が入ってコクのある「煮込みうどん」、ホタテなど海鮮を使った「特製鍋焼きうどん」の3タイプがそろう。

そのほか、釜揚げやたぬきなどもあるが、寒さの厳しい冬場はやはり〝鍋焼き〟が一番人気。冷え込む日には、店主のこぼれるような笑顔に見送られ、身も心もあったためて帰宅しようか。

蛇足ですが……
特製の土鍋を注文していた業者がやめてしまい、今後は普通の鍋になる可能性も。残念。

昭和51（1976）年◉焼きそば

やきそば屋

「しなの」がルーツの焼きそば専門店

少年から年配者まで幅広く支持されるのが、地下鉄大通駅直結の「やきそば屋」。店主の須坂進さんは、「99・9％は男性客ですね」と語る。その焼きそばは、並（1玉・290円）から「信じられねえ」（12玉・1030円）までの9段階。このボリュームに、「安・早・旨」の三拍子も加わるのだから、人気なのも無理はない。

そもそもは、旧長崎屋（現丸井今井南館）の地下で昭和51年から営む焼きそば屋「しなの」がルーツ。「やきそば屋」に改称後、一時は市内に5店舗を展開していたが、今も残るのは須坂さんが独立して同58年に開いたこの店だけ。

昔からの常連客が多く、「週に4、5回通う人や、新千歳空港から真っ直ぐ立ち寄る人もいます」と須坂さん。月1回の休業日を告知していても、たまたまその日にぶつかったと嘆かれ、なかなか休みを取れないのが悩みという。

それほど愛されるには、やっぱりワケがあ

●住　所　中央区大通西4　新大通ビル地下1階
●電話番号　（011）241-6337
●営業時間　11時～20時30分（土・日曜、祝日は～19時30分）
●定休日　月1回不定
★Aセット　550円
★あんかけ焼きそば　550円

もとは洋食の料理人だった店主の須坂進さん。その経験がさまざまなソースを生む

る。一番の理由は、焼きそばの麺に味がついていないこと。備えつけの各種ソースやマヨネーズなどを駆使し、自分好みの味を作り上げるのがこの店流である。須坂さんのおすすめは、ゴマ酢醤油にマヨネーズを加えた味つけ。ラーメンサラダにも似た濃厚な味が、やみつきになりそう。皿の中でいろいろな味を楽しむスタイルは、白いご飯に明太子や焼ザケなどおかずを合わせて食べる感じによく似ている。

もうひとつ凄いのは、ソースや紅ショウガをたっぷり自由に使えること。「お客さんに喜んで食べてもらいたい」という店主の気遣いが、カウンターだけのわずか18席という小さな店内に満ちていて、居心地がよい。

蛇足ですが……

重さ3kgの〝信じられねえ〟を完食する人が、月に2、3人はいるそう。シンジラレナーイ。

昭和60（1985）年◉ビアホール

ビッグジョッキ

●住　　所　中央区北1西4
札幌グランドホテル別館1階
●電話番号　（011）261・3376
●営業時間　11時30分〜14時30分、
17時〜22時（各30分前LO）
●定 休 日　なし
★元祖ラーメンサラダ　ランチ（ドリンク付）1100円、ディナー1000円

ラーメンサラダ発祥の店

札幌発祥の「味噌ラーメン」や「スープカレー」と並び、もうひとつ忘れちゃならないのが、今や全国的に知られるようになったラーメンサラダ。これを誕生させたのが、札幌グランドホテルのビアホール「ビッグジョッキ」である。

昭和60年に開店したこのビアホールは、開拓時代をイメージして造られ、店内は天井が高く開放的。さまざまな種類がそろう、ほどよく冷えた生ビールと、道産素材を使うオリジナル料理が自慢だ。が、なんといっても見逃せない酒肴は、オリジナルの元祖ラーメンサラダだろう。

調理長の明石勝さんによると、「女性が好むサラダ感覚の新メニューを、と考えたのが誕生のきっかけ。引退した初代調理長の佐藤保さんが生みの親と聞いています」。当時は洋食だけでなく、中華の料理人も参加して試行錯誤を重ね、開店から2カ月後の7月にデビュー。誕生からすでに30年余りの歳月を経ている。

常に新メニューの開発に余念がない調理長の明石勝さん

元祖の名を不動にしたのは、ホテル特製のフレンチドレッシングと中華ドレッシングが絶妙に配合された味わいにある。冷やし中華とは一線を画すゴマ油とマスタードの風味が特徴で、それがコシのある中太縮れ麺（ウエムラ食糧加工製）や野菜と絡み合い、独自の味を生む。

ちなみに札幌グランドホテルは、北海道初の本格的洋式ホテルとして昭和9年にオープン。開業時から変わらぬシンボルが、開拓使の旗印だった北極星がモデルの「五稜星」にヒントを得た「八稜星」である。これは、この店の向かいにあるメモリアルライブラリーの天井ガラスに刷り込まれているほか、ホテル内6カ所にあるそう。一杯やる前に、探してみてはいかが？

蛇足ですが……

オープンキッチン上の壁面には、開店時から飾られる手づくりカヌーが鎮座し、ご愛嬌だ。

昭和46（1971）年◉立ち食いそば

立ち食い ひのでそば

●住　所　中央区南1西4
日之出ビル地下2階
●電話番号　（011）221・7201
※日之出商事本社
●営業時間　7時〜21時15分
●定休日　なし
★かけそば　290円
★月見そば　340円

地下街と同い年の立ち食いそば屋

「この店、僕が高校生の頃からあったよね」と、札幌に里帰りしてきたらしき40歳前後の会社員が感慨深げにつぶやく。するとオバちゃんが、「このビルができた時に開いたから、もう40年以上になるよ」と、休むことなく手を動かしながら答える。この店でそばを食べながらこんな会話を小耳にはさみ、思わず微笑んでしまった。

地下鉄大通駅改札口を抜けてすぐのビル地下にある「ひのでそば」、その歴史は古い。冬季オリンピック札幌大会開催前の昭和46年11月、地下鉄南北線の開通と同時に「さっぽろ地下街」がオープン。時同じくして完成した日之出ビル地下2階に、老舗書店「リーブルなにわ」（平成25年閉店、現文教堂書店）とともに開店した。

店長の中村正樹さんは、菓子や食品などの卸とビル管理業を営む「日之出商事」に勤め、定年後はこの店で働く。店舗とは別にこぢんまりとした厨房があり、ぐらぐらとツユが煮えたぎ

忙しい昼時はてんてこ舞いの忙しさという、人気店の店長を務める中村正樹さん

る大きな寸胴鍋がガス台にいくつも並ぶ。

「店が暇なときはツユの味が濃く、忙しい時には薄くなりがちなので、いつも同じ味になるよう気を使っています」と中村さん。もともと狭い店なのに、忙しい昼どきにはそこで5人のオバちゃんが立ち働くほど、客が殺到する。

思い起こすと、若い頃からこの店にはお世話になってきた。飲む前の下準備としてかき込み、飲んだあとは二日酔いにもめげず、なんとか胃に収めていたもの。そんな時代から変わらないオバちゃんの明るい笑顔も、この店の魅力だ。

うどんやパスタの台頭でやや押され気味の立ち食いそば文化だが、今後も若い世代にその魅力を伝えていってほしいものだ。

蛇足ですが……

店員は女性ばかりと思い込んでいたが、中村店長も朝7時から1時間ほど手伝っているとか。

記憶の中の老舗《麺編》

偏愛のそば&ラーメン

すべてが大好きだったそば藤

「そば藤」2番目の店舗(1990年)

そばが名産の羊蹄山麓で育ったせいか、そばなら立ち喰いそばから高級な更科そばまで、すべて大好き。中でも、オフィス近くにあり通い詰めたのが「そば藤」(南3西4)である。

黒っぽくて荒々しい二八の田舎そばで、濃い目のツユ、絶妙なタイミングで出てくるそば湯、頑固に一味唐辛子しか出さない店主など、すべてが魅力的だった。

もう一軒、田舎者の私がたまげたのは、ごまそばの元祖「一茶庵本店」(南1西4)。店主の山極忠夫さんは、昭和46年から「一茶の会」を開催し、そこで変わりそばやヌキなど、そばの食べ方を教わったものだ。

ラーメンといえば、事務所が入るビル地下にあった味噌で有名な「起平」(南3西5)、ヨークマツザカヤ(現ラフィラ)地下の「喜龍」(南4西4)、老舗の「龍鳳」(北1西3)、野菜ラーメンの「味軒4丁目プラザ店」(南1西4)などが懐かしい。

五條新町にあった「味の来々軒」(南5西6)は、白髪のご夫婦が営み、焼き海苔や紅ショウガの入った〝お茶漬けラーメン〟が名物だった。この店と隣の建物の隙間に入り込んで、抜けられなくなった酔客を救出するため、警察が店の壁をぶち破ったという事件も忘れ難い。

極めつけは、旧岡本米穀店の駐車場に午後9時半から開いた屋台の「鳥若ラーメン」(南3西6)。鶏ガラスープのあっさり味で、味噌・醤油・塩のいずれもおいしかった。深々と降る雪を眺めながらラーメンをすすり、食べ終わると一斗缶に丼に残ったスープを捨てたもの。本州からいらした作家や映画監督などをお連れし、その作法を教える私に、お母さんはいつも茹で卵をサービスしてくれたっけ。

V

路地裏で飲み始めたい
黄昏どきのアフターファイブ

居酒屋・焼き鳥

昭和29（1954）年◉居酒屋

炉端焼き ウタリ

●住　所　中央区南5西5
●電話番号　（011）512-3570
●営業時間　17時～23時（ラストオーダーは22時30分）
●定休日　日曜
★ほっけ　1944円
★三平汁　540円
★瓶ビール　735円

札幌における炉端焼きの草分け

昭和29年、中央区南4西4で開店して以来、すでに半世紀余り続く炉端焼きの老舗。店名は、アイヌ語で親族や仲間を意味する。二代目オーナーの故・杉目幹雄さんは、「名づけ親は父の友人で、アイヌ文化の研究者でもあった萱野茂さんです」とかつて教えてくれた。

当初は、アイヌ文化を今に伝えようと、手づくりの小舟やクマの剥製などを店内に飾り、伝統的な木の器を数多く使っていたという。しかし、火災で最初の店を焼失したことから、昭和30年代半ばに現在地へ移転している。

札幌における炉端焼きの草分けともいうべき店で、「残っていた昔の伝票を見ると、焼き魚はホッケでもキンキでも100円。まるで〝300円居酒屋〟の走りのような店でしたね」と在りし日の杉目さん。給料日前で懐の寂しいサラリーマンでも、ネギ味噌を肴に酒を飲むような、気軽に通える店であったという。

焼き方の髙柳壽世さん（左）と、二代目オーナーとして活躍された故・杉目幹雄さん

店内は、カウンターと〝離れ〟と呼ばれる10人ほどが座れる大型テーブル席のみ。ほの暗い明かりの下、焼き方七代目という髙柳壽世さんが、ぬくもりある対応で心を和ませてくれる。

老舗だけに有名人や芸能人もしばしば訪れるそうだが、ベンチのような長椅子に詰めながら座るシステムなので、分け隔てのしようがない。というよりも、この椅子に座ると偉い人も普通の人も平等になれるのが、人々をひきつける魅力のひとつなのだろう。

味わいのある路面店が次々と姿を消す中、古びた木造2階建ての1階にあるこの小さな店の佇まいは、何物にも代えがたい。今やススキノでも希少価値の酒場となった。

蛇足ですが……

杉目幹雄さんは平成27年2月に逝去された。合掌。今は三代目の稔雄さんが跡を継いでいる。

昭和30（1955）年◉居酒屋

うまいもんや やまさ

西区の老舗酒場、ここにあり

琴似地区で長年、〝やまさ会館〟の愛称で親しまれてきた居酒屋。三代目の高石修さんによると、この店は母方の祖父・佐藤義雄さんが昭和30年に創業し、平成27年に60年目を迎えている。店名は、「周辺に佐藤という苗字の店が多かったので、佐藤のさにやまの記号をつけて〝やまさ〟の屋号にしたそうです」と修さん。

現在は悠々自適という修さんの父親で二代目の晴俊さんによると、「昔はすし屋が入居し、食堂部分もあったので、居酒屋を含めて三つのゾーンに分かれていました。それで〝会館〟と呼ばれていたんです」。その後、すべて居酒屋スペースになったことから、店名を変えている。

焼き鳥から魚介類までメニューは豊富で、なにを食べても安くてうまい。開店以来の色と味という関西風おでん（1個160円）は、定番に加えてちくわぶまで全16種がそろう。また、メニューが余りに多くて迷うという向きには、

●住　所　西区琴似2・7
●電話番号　（011）621・2706
●営業時間　17時～23時頃
●定 休 日　日曜
★焼鳥串　100円～
★牛すじ煮込み　540円
★特製ラムシチュー　810円

二代目の高石晴俊さん（右）と、次々に新メニューを打ち出す三代目の修さん

とりあえずの肴として自家製の三升漬や塩辛などもあるのでご心配なく。

東京で音楽の武者修行をしていた修さんが、札幌へ戻ったのは平成16年頃のこと。「離れてみて、北海道らしいメニューがなにかわかるようになりました」と語り、ジャガピザやラムシチューなどを考案してきた。中でもピザソースは、手稲区西宮の沢にある自家農園で採れたトマトを使って手づくりする本格派だ。

うれしいのは、燗酒に札幌の地酒である千歳鶴が使われていること。昔ながらの銘柄入りとっくりで出されるのもいいんだなあ。一番人気の牛すじ煮込みとともに味わえば、今日の仕事を終えた満足感と解放感に浸れるはずだ。

蛇足ですが……

「やまさ会館」という旧店名の方が、店内のイメージに近いかも。まさしく、昭和の香り漂う酒場デス。

昭和40（1965）年◉居酒屋

グランド居酒屋富士 すすきの店

大人数の宴会を、低予算で気軽に

若くてビンボーだった頃、飲み会は安ければ安いほどありがたかった。その意味で、通称・グラフジこと「グランド居酒屋富士」には、どれほどお世話になったかわからない。

そんな思い出の店が、今も昔と同じスタイルで営むというからびっくり。以前から低料金で知られるが、現在も2500円（料理6品・飲み放題付）から宴会コースを用意し、最大で400人まで対応できるというのである。

そもそもは佐賀県出身の初代・横田一郎さんが、戦後に千歳でバーを開いたのが始まり。昭和30年代にススキノへ進出し、兄弟で木造2階建ての「クラブ富士会館」を開店する。

その後、火事で会館を焼失した際に、初代の弟である二代目が、「これからはサラリーマン居酒屋の時代が来る！」と予測。時代に先駆けてこの店を開いたのは、昭和40年のことだ。

現会長の横田信子さんは、二代目の跡を受

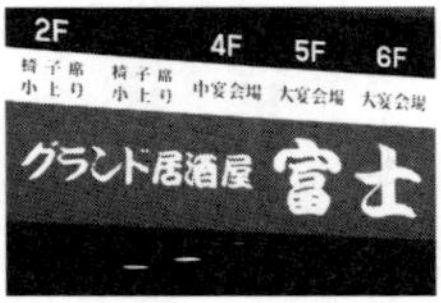

●住　所　中央区南5西4 富士会館ビル
●電話番号　（011）511・7131
●営業時間　17時〜翌1時
●定休日　なし
★塩ホルモン焼　605円
★ザンギ　626円
★北海盛合せ刺身　1836円

三代目の横田信子さん（右）と、現場を一手に仕切る四代目の大島正一さん

け、平成15年に三代目を継いでいる。もとは1級建築士というから畑違いなのだが、「分野が違っても大切なのは人材ですね。うちは長く働く従業員が多く、てきぱきと仕事をこなしてくれるので助かっています」と信子さん。

平成24年には三代目の甥・大島正一さんが、脱サラして四代目を継いでいる。店長兼任で現場を仕切るが、「叔母もそうですが、新参者だからわかる問題点もありましたね」と大島さん。

そこで新メニューの開発や若い世代へのPRなど改革を重ねた結果、減少気味だった客数は、着実に増えてきているという。老舗の看板にあぐらをかくことなく、改革を重ねる次世代の発想にこれからも期待したい。

蛇足ですが……

温もりある接客と財布へのいたわりが、今も昔も変わらず支持される理由なのダ。

昭和48(1973)年◉居酒屋

居酒屋 鳥魚〈とりうお〉

東京下町の酒場にも似た風情

市電の行啓通停留場から徒歩3分。ご近所はもとより、遠方からも酔客が通う人気店で、壁一面に貼られた黄色い短冊形の品書きが感動的だ。東京下町の居酒屋にも似たその風情に、「こんな店が札幌に!」と驚かされるはず。

店主の金沢清良さんは、元スキージャンパー。引退後は、プロボクサーを目指す弟の和良さん(元東洋バンタム級王者)のトレーナーとして上

●住　所　中央区南14西7
●電話番号　(011)531-7627
●営業時間　16時~23時(ラストオーダーは22時)
●定休日　日曜、祝日にあたる月曜
★特大スペアリブ　753円
★大きな玉子焼　429円
★おまかせ刺身1人前盛　1077円

京し、鮮魚店でアルバイトする。その時に魚を見る目を養い、昭和48年に現在地で開店した。

当初は妻の信子さんを中心に営んだことから、店名も「信ちゃん」だったが、3年後に改称。由来は「鳥も魚も扱っているから」と金沢さん。確かに海の幸も豊富だが、単品で一番人気の特大スペアリブや焼き鳥など肉類も多い。

店内に入ると、まずはカウンター左手のショーケースに目を惹かれる。そこには、店主が毎朝市場で仕入れる新鮮な魚介がずらり。取材

無骨な印象だが人柄はあったかい、元スキージャンパーの店主・金沢清良さん

で訪れたのは春先だったので、寒ダラや春ニシン、マツブなど旬の魚介が並んでいた。そこから好みのものを選ぶのもいいが、店主お任せの「お刺身盛合わせ」を頼んでも間違いはない。

メニューの「山わさび」に目が留まり、春ニシンを焼いてもらう。まだ雪景色が続く頃、春告魚であるニシンを山わさびで味わう贅沢さよ。しかもここは、荒く削ったものに手切りの焼き海苔がついていて、これだけで肴になる。

「開店当初はススキノが近いので、飲食店は無理だといわれました」と金沢さん。それから40年以上が経ち、今や金・土曜は予約が必要なほどの盛況ぶり。素敵な居酒屋は、どんな場所にあってもしっかり支持されるのだ。

蛇足ですが……

取材を機に初めて知ったこの店。「今まで知らなくてすいません」と頭を下げたくなった。

昭和50（1975）年◉居酒屋

食事処　葵〈あおい〉

アットホームな雰囲気漂う酒場

「近所にあれば毎日でも通いたい！」と思わせるのが、ここ「食事処葵」。地下鉄東西線の円山駅から徒歩3分、裏通りに入る角地に建つ店舗は、なんともレトロな佇まいだ。

店内に足を踏み入れると、熱々おでんの湯気、焼き魚の匂いにまず鼻腔がくすぐられる。そして、店主の中谷幹夫・郁子さん夫妻が醸し出すアットホームな雰囲気に、初めての人でもほっとくつろげるはず。

大阪生まれの中谷さんは、今はなき札幌のキャバレー「ミカド」の支配人として赴任した父親とともに来道。昭和50年に、今の店の向かい側にあった長屋の一角で開店し、5年後に現在地へ移転した。以来、40年の長きに渡り営んできた。たいしたものだと思うが、本人は「私はゆるーいタイプ。超低空飛行で商売をやってきましたから」とひたすら謙遜する。

それにしても、居酒屋の定番である刺し身が

●住　所　中央区大通西24・2・7
●電話番号　（011）642・8172
●営業時間　17時〜22時30分（祝日は〜21時）
●定休日　日曜
★お好み焼き豚玉　550円
★おでん各種　100円と150円
★生ビール　450円

揚げ物でも焼き物でも、手早く作って出すことを信条にする店主・中谷幹夫さん

300円からあり、焼き魚は400円前後という安さにびっくり。中谷さんは、「もとから高い食材は仕入れていませんので」と涼しい顔だ。

また、おなかを空かせて飛び込んでも、お好み焼きや焼きそばなど、すぐに空腹を満たせるメニューが多いので安心。しかもお酒を飲まず、食事だけでも構わないというから、働く女性たちが泣いて喜びそうな店である。

店内のあちこちに飾られた阪神タイガースのパネルでわかるように、中谷さんは大の〝トラキチ〟。巨人ファンはお断りかと思いきや、日本ハムファンにならず頑固に巨人を応援する地元の野球ファンにシンパシーを感じるそう。今や遠くなった昭和の空気が色濃く残る酒場だ。

蛇足ですが……

中谷さんいわく、「店主老齢のため、臨時休業することも」。事前に確認してからご利用クダサイ。

昭和53（1978）年◉居酒屋

居酒屋 たいへい

北大関係者に愛される居酒屋

ひさしぶりに、北区の北大通沿いを歩いてみると、道幅が広くなり、ビルが林立していて驚かされた。かつて中島みゆきが、「店の名はライフ」で歌った喫茶店や自転車屋など、路面店が建ち並んだ昭和の風景は跡形もない。

そんな通りに面して建つこの店は、店主の塚田輝男さんが脱サラして昭和53年3月28日に開店した。なぜ克明に覚えているかというと、「その日はお客さんが一人も来なかったからです」。

当時、木造2階建てだった店舗には、やがて目の前にある北大附属病院の医師や看護師、そして北大生やその教職員が通い詰めるようになる。平成10年には、道路拡張に合わせて4階建てのビルに建て替えているが、「今もお客さんの99％は北大関係者です」と塚田さん。

1階はカウンター15席のみで、2階（40席）と3階（50席）が宴会用の座敷。小宴会（4名以上）から大宴会（80名）にまで対応するが、いつ

●住　所　北区北15西4
●電話番号　（011）746・4129
●営業時間　18時～23時
●定休日　不定（要予約）
★スモークチキンレッグ　350円
★生ビール　400円
★宴会コース　2500円（料理5品、飲み放題付）～

ひょうひょうとした人柄と、ざっくばらんな語り口が楽しい店主の塚田輝男さん

もほぼ予約で埋まっているそうで、ふらりと立ち寄りたい時も予約がないと利用は難しい。

平成17年頃から始めた自家製燻製は、今や店の看板メニュー。サンマやサケ、チーズ、ソーセージなどが味わえる。1日おきに早朝からスモークするので、「手間と時間がかかって大変」とこぼしながらも、塚田さんは楽しそう。

そういえば、20年ほど前に取材でこの店を訪れた時も、塚田さんは幻の魚といわれる最高級のサケ「鮭児《けいじ》」をいち早く教えてくれた。また、当時から選び抜いた地酒を50種前後常備し、現在も「十四代」や「獺祭《だっさい》」などの銘酒を置く塚田さん。うまいものを探求することへの情熱は、少しも衰えをみせていないようだ。


蛇足ですが……

息子の剛さんと二人三脚で頑張る塚田さんだけに、〝定年〟はまだまだ先のことになりそう。

昭和57(1982)年◉居酒屋

家庭料理 まさき

母の味を看板にした居酒屋の先駆け

カウンターのガラスケースには、旬の野菜や魚介を使った色彩豊かな家庭料理が、20種類以上並ぶ。「居酒屋で家庭料理を看板にしたのは、札幌ではうちが初めて。その味を作った母のレシピを基本にしています」と店主の石破幸枝さん。3姉妹の長女で専業主婦だった幸枝さんが二代目を継いだのは、平成19年のことである。

この店は、幸枝さんの母親で初代の正木和枝さんが、昭和57年にカウンター8席の店を北区で開いたのが始まり。今も一番人気のポテトサラダや茄子のシソ巻みそ南蛮、お母さんの煮豆などの総菜料理が人気を呼ぶ。

平成元年には現在地へ移転し、その当時は次女や三女も店を手伝ったというが、幸枝さんは店に関わる機会がなかった。ところが平成19年、店を仕切る父親の義邦さんが、軽い脳梗塞で倒れてしまう。「その頃、母は自宅で旭山公園店を開いたばかり。この店が存続するかどう

●住　所　中央区南3西4
　　　　　南3西4ビル6階
●電話番号　(011)241-5110
●営業時間　17時～23時
●定 休 日　日曜・不定祝日
★玉子たっぷりポテトサラダ　580円
★おばんざいのちょっと
　盛り合わせ　1080円

ガラスケースにずらり並ぶ総菜料理と、笑顔が魅力の二代目店主・石破幸枝さん

かの瀬戸際で、私がやるしかないと思ったんです」と幸枝さんは当時のことを振り返る。

この度胸のよさこそ、北の女ならでは。初めての客商売はさぞかし大変だったと思うが、おおらかで明るい性格の幸枝さんだからこそ、乗り越えられたのだろう。彼女の笑顔を眺めているだけで、仕事の疲れも吹き飛びそう。

隠れた人気メニューは、真っ黒に漬かった丸ごと一本の「お父さんの茄子漬け」。これは元気になった義邦さんが、自宅で漬けている一品で、「父の得意料理はこれとシメサバなんです」と幸枝さん。母親譲りのレシピと父親手づくりの逸品とともに、家庭料理の王道をゆく幸枝さんの腕は、ますます冴え渡る。

蛇足ですが……

客層は母の味を求める会社員が多く、海の幸など地物が豊富なので接待にも使えマス。

昭和57（1982）年◉居酒屋

居酒屋　楽屋〈がくや〉

受け継がれる、あの時代の空気

かつて「札幌東映劇場」（中央区南2西5、平成15年閉館）2階に、カントリーウエスタンを聴ける音楽喫茶「楽屋PARTⅡ」があった。初代オーナーは現在、ビアホール「米風亭」を営む藤巻正紀さんだった。

映画館の通路を利用した店内は細長く、中央にステージがあって、いつも若いミュージシャンの演奏で熱気に包まれていたことを思い出す。

●住　所　中央区北5西28
28丁目ビル地下1階
●電話番号　（011）611・0366
●営業時間　17時30分～翌1時
●定休日　不定
★ミックスピザ　800円
★自家製スモークチキン　600円
★生ビール　500円

「店名の『楽屋』ってあの『楽屋』のことですか、と今も聞かれることがありますよ」とにこやかに語るのは、三代目店主の松崎軍夏《いさか》さん。

東京で演劇活動をしていた松崎さんは、藤巻さんから店を引き継いでいた演出家の兄に、「継ぐ人がいないから」と頼まれ、昭和57年に帰札した。そのまま7年ほど東映劇場で営んだが、立ち退きのためやむを得ず一時休業。平成2年に妻のりつさんと、地下鉄東西線西28丁目駅から徒歩2分の現在地で営業を再開した。

音楽喫茶時代から続く「楽屋」の名を、今に受け継ぐ店主の松崎軍夏さん

カウンター8席にボックス席六つという割に広く感じる店内は、日本酒よりもワインやシークァーサー酒の似合う無国籍な雰囲気。手づくりのピザやゴーヤチャンプルー、スモークチキンなどが人気で、近所に住む会社員や学生の利用が多いことから、牛すじ煮込みや串カツ、蒸しギョーザなど空腹を満たすメニューも多い。

常連客の中には、松崎さんのアドバイスでめでたく結婚に至った人もいるそうで、「大阪で行われた結婚式に仲人扱いで招待されました」。また、BGMには昔ながらのアナログレコードを使い、年2回は店主も参加する「ギターの弾き語りコンサート」を開催する。あの時代の空気が、今もそこかしこに残る店だ。

蛇足ですが……

カウンターの丸椅子七つは、PARTⅡ時代のものをそのまま使っているとか。

昭和60（1985）年◉居酒屋

おたる魚一心〈うおいっしん〉

小樽が発祥、大衆価格の海鮮居酒屋

その昔、村松友視の小説『海猫屋の客』に描かれ、女性客にも支持された小樽の「キャバレー現代」へ仕事仲間とよく通ったもの。その前の腹ごしらえに、決まって立ち寄ったのが居酒屋「魚一心」。ウニやカニなど鮮度抜群の海の幸を、低料金で食べられたからだ。

　残念ながら小樽の店は閉店したが、暖簾分けで独立した札幌のこの店は変わらず健在。稚内生まれの店主・菱沼昌男さんは、脱サラして小樽の本店で修業を積み、昭和60年に札幌で独立した。会社員を辞めたのは、「父親が転勤族で転校が多く、自分が味わった辛い思いを子どもにさせたくなかったからなんです」という。

　ここの名物は、箱板のまま豪快に出される生ウニ。旬の時期なら板1枚1800円前後で味わえる。毛ガニは中ぐらいの大きさで3000円前後。刺し身はマグロ、ツブ、ハッカクなど、鮮度のいい魚介が豊富にそろう。

●住　所　中央区南3西5
三条美松ビル4階
●電話番号　（011）222・3897
●営業時間　17時〜23時
●定休日　日曜
★刺身　670円〜
★一心丼　1300円
★生ビール　520円

独立から四半世紀以上が経ち、〝大将〟の愛称が板についた店主の菱沼昌男さん

もうひとつの人気メニューは、イクラとサケが親子で盛られた「一心丼」や、たっぷりの生ウニがのった「うに丼」などの丼物。そして、意外な一番人気が「お茶漬け」である。

いずれにしても、刺し身でも丼物でもボリュームが自慢なので、大食漢も充分満足できるだろう。そのせいもあってか、壁に貼られたサイン色紙には、日ハムや巨人、西武などプロ野球選手の名前がずらりと並ぶ。

昔と変わらず、今も小樽へ仕入れに出かける菱沼さん。新鮮な魚介類が看板の店を、個人で長く続けるのはさぞ大変だったに違いない。次の世代にぜひ受け継いでもらいたい、北海道らしい居酒屋である。

蛇足ですが……

肩の凝らない接待には、5人ほどが座れる丸テーブル型の掘りごたつ席が狙い目デス！

昭和60（1985）年◉居酒屋

居酒商 古典家〈こてんや〉

大きな店になっても、変わらぬ雰囲気

その昔、この店を初めて訪れた時は、10人も入れば満席になる小さな店だった。地下鉄の始発が動き出す朝6時までの営業時間と、名物のコーヒー焼酎が記憶に残っている。

数十年ぶりに再訪すると、2階建ての大きな建物が丸ごと店舗になっていてたまげてしまった。オーナーの外山悦子さんは、「もとは豊会館という名前の建物で、店子が1階に3軒、2階に4軒入っていたんです」と懐かしむ。

アパレル業界で働いていた外山さんが、前のオーナーから小さな店を引き継いで転職したのは昭和60年のこと。当時は会館の2階にあり、酔っぱらった客がよく、狭いトイレの上方にあったタンクに頭をぶつけていたという。

その後、向かいのスナックを譲り受け、隣の店がやめたあとを引き継いで店を拡張したが、開店20年目の平成17年に建物ごと買い取っている。全面改築した店舗は、1階に約50人を収容、

●住　所　中央区南5西2
●電話番号　（011）512-3535
●営業時間　11時～14時、17時30分～翌4時（日曜・祝日は17時～翌1時、ラストオーダーは閉店各1時間前）
●定休日　なし
★生ビール　450円

常連客から「エッちゃん」と慕われるオーナーの外山悦子さん。今は裏方に回っている

2階も約50人の宴会ができる大きなもの。こうした場合、料金も上がって敷居の高い店になりがちだが、素朴な造りは昔のままだ。

さらに、ボトルに目盛りがあり、飲んだ分だけ料金を払うコーヒー焼酎はもちろん、チーズ入りの「よっちゃんポテト」やギョーザの皮を使う「ピザせんべい」など、安価なオリジナルメニューも健在。常連から「エッちゃん」と慕われる外山さんの気さくな人柄も変わらない。

開店当初から使い続けるテーブルに残された客の落書きからは、かつて学生や演劇人が激論を闘わせた気配がそこはかとなく伝わってくる。なんだかここで酒を飲むと、はるか昔の学生時代の気分に戻れそうな気がしてならない。

蛇足ですが……

「京都の旅館に憧れて現在の店構えにしたんです」と話す外山さんの表情は、今も夢見る少女のよう。

昭和60（1985）年◉居酒屋

春帆〈しゅんぱん〉

二代目が守る名物・たまごぞうすい

通称・チカホと連結する敷島ビル入口には、オープンカフェの敷島ガーデンが設けられ、無機的な地下空間にあってゆっくりとくつろげる。

そんなガーデン横すぐの階段を上がった地下1階飲食街に、この店はある。初代の南田勝さんが昭和60年に開き、「たまごぞうすい」が古くからの名物。ユニークな店名は、大阪にある同じ名前の居酒屋で修業した初代が、暖簾分けで独立する際に名づけたという。

その昔、二日酔いで息も絶え絶えの日には、ここの雑炊を食べに訪れたものだが、今ではすっかり居酒屋の佇まい。それもそのはず、板前修業を積んだ息子の南田純一さんが、平成24年に二代目を継いでいるからだ。

若々しく折り目正しい純一さんは、老舗の郷土料理店「杉ノ目」チェーンで10年近く修業。その経験から、夜は和食メニューを増やし、人気の地酒も各種取りそろえる。

●住　所　中央区北2西3 敷島ビル地下1階
●電話番号　（011）222-3737
●営業時間　11時〜14時、17時〜22時（ラストオーダー21時30分、土曜は11時30分〜14時のみ営業）
●定休日　日曜・祝日
★たまごぞうすい（小鉢2種付）　600円

誠実な人柄がにじみ出る、職人気質の若き二代目・南田純一さん

そのせいか、「昼と夜のお客さんが、半々になりましたね」と純一さん。昔ながらの温もりある雰囲気の中で、アフターファイブに100円の生ビール（17時～19時は2杯まで、19時以降は1杯まで）を飲むのも乙なもの。

とはいえ、名物のたまごぞうすいも健在だ。一番人気のシンプルなタイプに加えて、そうめん、天ぷら、日替わり惣菜などとのセットメニューも豊富に用意する。「父が築き上げた店を守り続けたいので、雑炊のバリエーションも増やしています」とあくまでも誠実な純一さん。

親子二代で築き上げてきた〝たまごぞうすいの店〟が、今も老舗ビルの地下飲食街で頑張っていることを、声を大にして伝えたい。

蛇足ですが……

通称・チカホがオープンしたのは、東日本大震災が起きた2011年3月11日のことだったなあ。

昭和63（1988）年◉居酒屋

くいしんぼうの店　おおみや

看板は、気取りのない店主の人柄

「店には出ていますが、切り盛りは義妹や息子に任せているので、もう引退したようなものです」と語るのは店主の大宮義文さん。そうはいっても、陽気なキャラクターの大宮さんが、この店の看板であることに変わりはない。

壮瞥町出身の大宮さんが、飲食業界に足を踏み入れたのは、大学生時代に始めたアルバイトがきっかけだった。かつてススキノで一世を風靡したドリームチェーンの各店で修業を積み、独立してこの店を開いたのは昭和63年のこと。

長らく親しんだススキノではなく、あえて地下鉄東西線西18丁目駅そばを選んだのは、「ススキノで働いた期間が長かったので、なるべく離れたかったんです」と大宮さんは振り返る。

客層はサラリーマンが圧倒的に多い。というのも、仕事帰りの一杯を気の利いた料理と楽しめるからだ。山菜の天ぷらを始め、「ほたて磯焼」や「殻付うに」、「若鶏唐あげ」など、山の幸

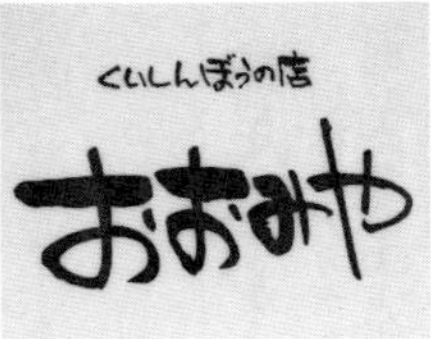

●住　所　中央区大通西19 シャンボール大通第2ビル1階
●電話番号　（011）613・0038
●営業時間　11時30分～13時30分、17時～23時（土曜は～22時）
●定 休 日　日曜・祝日
★たこ焼玉子　330円
★おまかせ刺身盛り合わせ　1000円

右から店長の熊谷美雪さん、妻の恵里子さん、店主の大宮さん、二代目の勇太さん

から海の幸まで幅広いメニューがそろう。しかも、料金はどれもリーズナブルなのがうれしい。

中でも開店以来の人気メニューが、〝元祖〟と銘打つタコ入り卵焼き「たこ焼き玉子」。タコと卵焼きの好きな店主が発想したシンプルな一品だが、家庭的なあったかーい味がする。

店は平成25年から、店長を務める義妹の熊谷美雪さんを中心に、妻の恵里子さん、後継者として頼もしく成長中の息子・勇太さん、そして大宮さんの4人ですべてをまかなう。

家族で営みながらもベタベタした感じはなく、適度な距離感があって居心地のよさは抜群。ススキノで長らく経験を積んだ大宮さんならではの経験が、きっと生かされているのだろう。

蛇足ですが……

店内はカウンター10席のほか、掘りごたつの小上がりと座敷があって、見かけより広々。

昭和20年代初め◉焼き鳥

武鳥

〈たけどり〉

●住　所　中央区南4西1
●電話番号　(011)219-1380
●営業時間　16時30分~24時
●定休日　日曜
★新子焼き　1100円
★鳥精(3本)　370円
★生ビール　510円
★北海熊古露里　780円

昔ながらの風情が残る焼き鳥屋

通称・サブロクこと国道36号に面した、カウンター14席のみのこぢんまりとした焼き鳥屋。さぞかし偏屈な頑固店主が営むかと思いきや、店を仕切るのは、常連客から「おかあさん」と慕われる三代目の二木キミ子さんである。

二木さんはススキノで20年ほどスナックを営んだが、「もうスナック経営は先がないと思いましてね」。そんな時、二代目オーナーから声をかけられ、平成17年に店を受け継いだ。

初代が開店したのは昭和20年代初めといわれ、絵に描いたような頑固親父だったらしい。「頃合いをみて焼き鳥を注文しないと、お客さんが叱られたそうです」と二木さん。また、古くからの常連客は、正面ではなく必ず脇の狭い入口から引き戸を開けて入り、焼き台に向かって一番左側の席(この店の特等席)に陣取るそうだ。

これほど小さな店に入口が二つあるのも珍しいが、トイレに行く場合、いったん外に出て店

いつでも優しく包み込んでくれそうな、きっぷのいい三代目店主の二木キミ子さん

の裏手に回らなければならない。若い女性は最初びっくりするが、掃除の行き届いた水洗トイレに安心し、やがておもしろがるそうだ。

焼き方は、二木さんと平成20年からコンビを組む石崎雅也さん。昔風の店だが、焼き鳥にはフランス産などの岩塩を使う斬新な一面も。また、焼き鳥は一人前3本が基本のため、好みの串を組み合わせて注文することもできる。

名物の新子焼きは、若鶏の半身を炭火で焼きあげたもの。焼けるまでに30分ほど要するため、待っている間にゆで卵が無料サービスされる気遣いも。小樽生まれできっぷのよい二木さんの客あしらいの巧さもあって、気持ちよく飲んで食べられる店だ。

蛇足ですが……

北海道の地酒は、冷酒「北海熊古露里」とにごり酒「熊ころり」がある。飲みすぎにはくれぐれもご注意を。

昭和32（1957）年◉焼き鳥

やきとり錦〈にしき〉

〃マドンナ〃は割烹着姿の女将

最近、見る機会の少なくなった、まっ白な割烹着姿の女将・中井節子さんは、この道50年の大ベテラン。笑顔を絶やさず、苦もなく注文をこなす。信じられないほど実年齢より若く見える秘訣をうかがうと、「ストレスをためないこと、くよくよしないこと」と即座に答えてくれた。

そもそもこの店は、昭和32年に栗山の「北の錦」を看板に掲げた直営店として、中央区南3西2で創業。その7年後に出した支店が現在の店舗で、本店が火事で焼失したため今はここだけが残る。当初の店名は「北の錦」だったが、昭和62年にメインの日本酒を別の銘柄に変えたのを機に、現在の店名に改称したという。

初代の大将が平成15年に亡くなったため、今は妻の節子さんと実弟の滝田康夫さん、二代目の中井武彦さんを中心にアルバイトも交えて営んでいる。そのせいか、店内にはいつもアットホームな空気が漂う。入口の間口が狭いので、

●住　所　中央区南3西3 第6桂和ビル1階
●電話番号　（011）231-6406
●営業時間　17時～23時
●定休日　日曜・祝日
★若鶏（新子焼き）　1404円
★ママお手製つくね（2本）　378円
★生ビール　508円

この店の〝マドンナ〟ともいうべき女将の中井節子さん（右）と、焼き方の滝田康夫さん

カウンターとテーブル席くらいかと思いきや、50人を収容できる座敷もあるなど意外に広い。

焼き方を担当する滝田さんは、学生時代からこの店を手伝ってきた。焼き鳥の塩加減が納得できるまでに10年を要したそうで、「大将に習ったばかりの頃は、焼くのではなく焼かされるという感じでした」と振り返る。趣味はカメラでその腕前は玄人はだし。店内に飾られた写真は、とある展覧会で入賞した作品という。

肝心の焼き鳥は、一番人気が「若鶏」こと新子焼きで、二番手が手羽先、三番手は節子さんが研究を重ねて独自の味を作り上げた各種つくねだそう。浅漬けやニシン漬けも節子さんの手づくりなので、ぜひお試しを。

蛇足ですが……

「悪いことがあっても、いい方へ」という、人生の先達である節子さんの前向きさがいいんだなあ。

昭和51（1976）年◉焼き鳥

鳥のきんちゃん

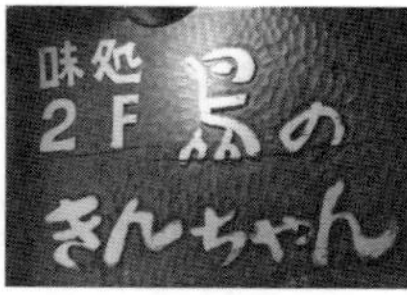

●住　所　中央区南1西4
　　　　4丁目会館2階
●電話番号　（011）241-8051
●営業時間　17時〜24時
●定休日　日曜・祝日
★御当地焼全6種セット　900円
★焼鳥各種（1本）　150円〜
★生ビール　480円

お茶目な店主との会話も肴に

ビルが林立する4丁目十字街。そのそばに残るのが、古めかしい木造2階建ての4丁目会館だ。そのギシギシと鳴り響く階段を上った、2階すぐ左手にこの店はある。

市内の焼き鳥専門店で4年ほど修業を積んだ店主の松本潔さんが、この会館で独立開業したのは昭和51年のこと。店名は、高校時代からの自身のニックネーム〝きんちゃん〟にちなむ。

喜茂別町出身の松本さんは、高校時代に東京オリンピック1964の聖火ランナーを務めた。取材時は、折しも東京オリンピックから50年目にあたる平成26年で、その時のユニホームが店内に飾られていて驚かされた。

また、トリノオリンピック2006の時には、店名の「鳥のきん（トリノ金）」にあやかりたいとテレビ局の取材を受けたそう。そんな逸話を、茶目っ気たっぷりに語る松本さんの話を聞いていると、あっという間に時間が過ぎてしまう。

表情も若々しい〝きんちゃん〟こと店主の松本潔さん。お茶目なトークが魅力だ

とはいえ、仕事に対する姿勢は至ってまじめ。昔のメニューのままでは時代に遅れてしまうと、10年ほど前からオリジナル〝御当地焼〟を出す。ブタ肉&タマネギの「室蘭焼」、厚真《あつま》地鶏のもも肉を使う「苫小牧焼」、羊肉&タマネギの「月寒焼」などなど、札幌にいながらにして全道各地の名物を味わえるのがいい。また、工夫を凝らした自家製の漬物が常時20種ほどあり、一年を通して山菜なども楽しめる。

平成27年に開店40年目を迎えたが、店の雰囲気は創業以来ほとんど変わっていない。12席ほどのカウンターのみの店内は、山小屋風の内装に始まり、木彫りの家紋や木製の外看板に至るまで、店主の温かい人柄がにじみ出ている。

蛇足ですが……

メニュー表にある「尚御当地焼アイディア募集中！」の文字に、松本さんの洒落っ気がうかがえる。

昭和51（1976）年◉焼き鳥

焼鳥 龍美〈たつみ〉

●住　所　白石区平和通3・北5・15
●電話番号　（011）863・1104
●営業時間　17時〜23時
●定休日　日曜・祝日
★鳥精肉（4本）　380円
★レバー（4本）　360円
★開きほっけ　650円
★生ビール　530円

期待高まる、カウンター越しの風景

まだ真新しいJR白石駅南口の正面に建つこの店。暖簾をくぐると、カウンター前にある畳4枚分ほどの長さのベンチが目に飛び込む。「詰めると20人は座れますが、普通は12人くらいですね」と店主の古賀恒幸さん。

そのカウンターに腰かけ、焼き鳥と酒を待っているだけで、期待は高まってくる。熟練の恒幸さんが焼き方を務め、妻の真知子さんが次々と入るオーダーをテキパキとさばく。それを、息子の和幸さんが黙々と手伝う光景を眺めているだけで、なんだか和めるのだ。

釧路生まれの古賀さんは、中学を卒業後、釧路の洋食店を皮切りにさまざまな飲食店で修業。白石駅前で同じ店名のすし店を営んでいた義兄に声を掛けられ、昭和51年に現在地で開店した。「一時は、すしと焼き鳥をお互いに出前しあったこともありました」と真知子さん。その義兄の店は、かなり前に閉めたそうだ。

店主の古賀恒幸さん（中央）と妻の真知子さん、息子の和幸さんの家族３人で営む

入居した店舗はもと酒屋だったので、当初からもっきりで飲む客が多かった。そのため、今も「カメ酒」がこの店の名物になっている。カメ酒とは、甕の形をした陶器にあふれんばかりの熱燗を注ぎ入れたもので、これが一杯わずか330円。しかも、琺瑯《ほうろう》びきのポットを炭火にかけた焼き燗なので、実にうまい。何杯でも飲めてしまう危険な酒である。

さて、焼鳥の一番人気はレバー。開店以来、継ぎ足して使ってきた秘伝のタレが味の秘訣だ。このほか、焼き魚やおにぎりもあり、夕食をとることもできる。うまさと値段の安さに惹かれ、途中下車して立ち寄る人や、わざわざ手稲方面から来る人がいるというのも無理はない。

蛇足ですが……

人よし、味よし、お酒よし。おまけに雰囲気もいいのだから、まさしく白石区の宝物のような酒場デス。

記憶の中の老舗《居酒屋・焼き鳥編》

しにせ

酒場が私の先生だった

思い出深い、味のある店主たち

思い出深い居酒屋は、映像作家の中島洋さんが、昭和49年に開いた「エルフィンランド」(南2西5)。今はなき東映仲町にあり、最初のチャージは100円。ボトルキープ(サントリーホワイト1650円)さえあれば、100円玉1枚で何時間でも過ごせた。私は玄米雑炊をよく食べたなあ。

活字の世界に足を踏み入れたばかりの頃、大先輩の編集者に教わったのが、演劇関係者の多い「五右衛門」(南5西6、睦会館)。皆が〝おいちゃん〟と呼ぶ店主は、以前はクラブも経営していた粋人。店舗は武家の下屋敷をイメージしたもので、インテリア、器、料理とどれをとっても見事だった。大先輩やその仲間と定期的に飲み会が開かれ、その経験が私の財産となっている。

そのほか、北専会館と旧金巻ビルの間の路地、通称・しょんべん小路にあった「いころ」(南5西3)、自家製トバが名物の「憩」(南5西5)、煮込みや焼き燗が絶品の「蔵っこ」(南2西5)などなど、数えきれない。

「鳥君」最初の店舗
(1987年)

焼き鳥はかつて名店が多く、中でも大正時代の建物でテーブルが傾く「鳥君」(南5西4)が秀逸だった。ほっぺたが落ちそうな牛タンや手づくりの浅漬けが名物。三代目店主はズッポ＊を粋に着こなし、火ばさみで火をつけて缶ピースを吸う姿がカッコよかった。病で急逝後、未亡人が長らく続けたが閉店した。

そのほか、独特なダミ声のオヤジさんが名物の「鳥千じろう」(平岸2－8)、手羽先が抜群にうまかった「味の鳥」(南1西4)、焼き台に青ツブをそろえる「一心」(南7西4)、中学時代の同級生で巨人ファンでも知られた「大ちゃん」(南4西4、MYプラザビル)、国道36号沿いの「福島本店」(南4西1)などが懐かしい。

＊ズッポ：板前用の着物

Ⅵ 喫茶店・スイーツ

ほろ苦いコーヒーの誘惑
心もとろけるスイーツの魔力

昭和33（1958）年◉喫茶店

喫茶 ロア

現役では札幌最古の自家焙煎店

大通公園に面したビル地下にあるこの店、私も最近まで存在を知らなかったのだが、札幌に現存する自家焙煎コーヒー店では最古という。二代目店主の陣内利宏さんによると、「先代が昭和33年に中央区北2西2で創業した店で、私も開店当初から手伝っていました」。

その後、立ち退きで陶管ビルに移転したのは昭和42年のこと。「ここは、江別市野幌でれんが工場を経営する会社のビルなんです。ビルができた時、地下は江別れんがの倉庫になるはずでした」と陣内さん。しかし、喫茶店をやるには充分な広さがあったので、「ここで店をやりたい」と頼んだが、最初は断られてしまう。

何度か交渉するうち、「階段とトイレを自費で作るなら」という条件つきでOKが出た。そこで、大枚をはたいて入口から続く階段やトイレを設置してオープンしたのである。ところが数年後、社長さんが「お金を出してもらったの

●住　所　中央区大通西2
陶管ビル地下1階
●電話番号　（011）231‐1836
●営業時間　11時～19時
●定休日　日曜・祝日
★ブレンドコーヒー　430円
★ライ麦ベーコンサンド　650円
★ケーキ各種　400円

ジャズが静かに流れる店内で、変わらず店頭に立つ二代目店主の陣内利宏さん

は間違いだった」と、全額返してくれたそうだ。

看板のコーヒーは開店時から自家焙煎を行い、現在はパンやケーキも手づくりする。自分好みのパンを作ろうと考えた陣内さんは、70歳にしてパン教室で技術を習得。前日に仕込んだタネを、1日置きに朝から練って昼までに完成させている。その働きぶりは、「こんなに働く高齢者も珍しいのでは」と本人も苦笑するほど。

約70人収容の広い店内は、雑誌類が並ぶ棚に少しの乱れもなく、木製の床は磨きこまれ、居心地のよさは抜群。デパートや新聞社の文化教室に近いこともあり、客の7割が女性という。心に潤いを与える都心のオアシス的空間だけに、陣内さんにはまだまだ頑張ってほしい。

蛇足ですが……

創業時から使うドイツ製のコーヒー焙煎機は、陣内さんのメンテナンスにより今日も元気に稼働中！

昭和39（1964）年◉喫茶店

純喫茶 オリンピア

高級喫茶を思わせる豪華な造り

ビル入口の赤いフードが、なんともノスタルジック。さらに、地下の店内に足を踏み入れると、眼下に広がるフロアの光景は日活映画のワンシーンさながらで、昭和の時代にタイムトリップしたかのような気分に襲われてしまう。

平成9年から店長を務める小原《おばら》京子さんによると、「店名は、東京オリンピックの開催年である昭和39年に創業したことにちなみ、初代オーナーが命名したそうです」。そのせいか、オリンピックをテーマにしたレリーフや絵画が、店内のあちらこちらに飾られている。

シャンデリアの淡い照明の下、ゆったり座れる4人掛けのソファを配した高級喫茶を思わせる造りに加え、BGMに低く流れるジャズが心を和ませる。こうした喫茶店はかつて都心部に数多くあったが、今では希少な存在だ。

喫茶店ながらもランチ時には食堂と化し、約70人収容の広い店内が満席になることもある

●住　所　中央区北4西6
北4条ビル地下1階
●電話番号　（011）231-0433
●営業時間　8時～18時
●定休日　土・日曜、祝日
★パスタ（8種）　各600円
★ビーフカレー　600円
★ブレンドコーヒー　380円

店の顔ともいうべき店長の小原京子さん。自然体の細やかな気配りが魅力だ

人気ぶり。また、常連客はお気に入りの席が決まっていて、隅っこを好む人が多いとか。「毎日、午前中に書き物をされて、昼食にナポリタンか焼きそばを召し上がってから帰られる大学教授もいらっしゃいますよ」と小原さん。

開店からすでに半世紀以上を経たというのに、店内のインテリアは昔とほとんど変わらず、いまだにピンク電話や真っ白なコーヒーカップが使われるなど、昭和の息吹がそこかしこに残る。それもこれも、この小宇宙を愛する小原さんの、心を砕いた応対の賜物に違いない。

「この仕事が楽しいんです」ときっぱり語る小原さん。その凛とした姿勢からも、愛するこの店を守り抜きたいという想いが伝わってくる。

蛇足ですが……

〝純喫茶〟の名称は、かつてアルコール類を置かず喫茶だけで商いをする店の証しだったそうデス。

昭和43（1968）年◉喫茶店

喫茶トップ

●住　所　中央区南6西4
●電話番号　（011）531・6921
●営業時間　10時30分～20時
●定休日　日曜、不定祝日
★ナポリタン　800円
★オムライス　800円
★ランチセット　1100円
★オリジナルコーヒー　500円

ススキノの胃袋を満たしてきた喫茶店

ススキノ市場の西側にあり、ゆったりと配置されたソファ、サイフォンで落とすコーヒーなど、懐かしい喫茶店の風景が今も残る。

ススキノで生まれ育った児島勝男さんが、妻の淑子さんとこの店を開いたのは、昭和43年のこと。「昔はクラブのお姉さんたちが、待ち合わせによく使ってくれました」と児島さん。

ススキノ全盛時代、売れっ子ホステスは喫茶店などで客と待ち合わせ、同伴して店に出るのが習わし。閉店後に客と食事する場合も、喫茶店で待ち合わせたもの。携帯電話のない時代だけに店の固定電話は大活躍し、店内中央に今もある電話ボックスはその時代の名残だ。

喫茶店の軽食といえば、やっぱりナポリタン。具はタマネギとハムにピーマンが少々、それを麺とあわせてケチャップで味つけしたものである。そのナポリタンとオムライスが、2大人気メニューというのもこの店らしい。

マスターの児島勝男さん（右）と二人三脚でやってきた美人ママの妻・淑子さん

平成23年公開の映画「探偵はＢＡＲにいる」では店内が舞台に使われ、ナポリタンも画面に登場。映画の中では、主演の大泉洋さんに「まずい」とくさされていたが、実際に食べてみると、どうしてどうしてこれがうまいのだ。

とはいえ児島さんは、「まずいといわれた方が反響も大きくていいんですよ」と至って鷹揚。また、「頼まれたら、なんでも裏メニューで作ります」と語り、長年、ススキノで働く人々の胃袋を満たしてきた自信のほどがうかがえる。

そういいながらも、「いつ引退してもいい年齢なので、のんびりやります」と余裕しゃくしゃくの児島さん。日々、アクセクしている私にとっては、なんとも羨ましい限りだ。

蛇足ですが……
常連客が７割を占めるが、「喫茶モンデ」として映画に登場した影響で若い客が増えたそう。

昭和43（1968）年◉喫茶店

茶房 アトリゑ
〈あとりえ〉

●住　所　中央区南1西3 大丸藤井 セントラルビル地下1階
●電話番号　（011）231・2691
●営業時間　11時〜19時
●定休日　なし
★アトリゑ弁当（日替わり）　900円
★アトリゑ風オムライス　930円
★パフェ（各種）　590〜730円

昭和の薫り蘇るインテリアとメニュー

店内に足を踏み入れると、不思議な既視感に襲われた。角が崩れたレンガの壁、実用性に欠けるらせん階段、一列に並ぶステージ用の照明などなど。一体、どこで見たのだろうか――。

四代目社長の中川朋子さんによると、「母が平成元年に店舗を改築した際、マンハッタンにあるオフ・ブロードウェイの楽屋をイメージして作ったそうです」。なるほど、それでどこかで見た気がしたのだろう。

父親で初代の長澤元清さんが、妻の佳代さんとこの店を開いたのは、昭和43年のこと。「大丸藤井で画材を買われた画家の方々が、帰りに一服できる店を、と考えたようです」と朋子さん。当時はまだ大丸藤井が2階建てで、この店もウナギの寝床のように細長かったそうだ。

その後、ビル新築と同時に地下に移り、すでに四半世紀以上の時が経つ。その割に、古い店特有のくぐもった雰囲気がないのは、「接客が

接客業を心から楽しんでいる、明るいキャラの四代目・中川朋子さん

大好きなんです」と語る、お嬢さん育ちらしい朋子さんの明るいキャラがなせるワザかも。

人気ベスト3は、①オムライス、②日替わり弁当、③シーフードトマトパスタ。スイーツも豊富で、パフェ5種のほかクリームぜんざいもあるせいか、客層は中年女性が中心だ。

平成20年に急逝した兄の跡を継いだ朋子さんだが、母親である二代目社長の秘書を務め、地下街の姉妹店「喫茶ナガサワ」（平成23年閉店）を手伝ったこれまでの経験が生かされている。

昭和の薫りが蘇るこの店を含め、四丁目十字街を挟んだ「ｃａｆéひので」（ｐ１３６）と「西林」（4丁目プラザＢ２）の3軒を、〝十字街の3大老舗喫茶〟と私は呼びたい。

蛇足ですが……

老舗喫茶「サンローゼ」が平成26年に閉店。でも、十字街の喫茶店3軒が団塊の世代を救ってくれそう。

昭和46（1971）年◉喫茶店

café ひので

世代超えて愛されるレトロな佇まい

この店の前身「高級茶房ひので」は、初代の戸澤忠二さんが戦前、中央区北1西4に開いた菓子店「日之出屋」がルーツ。昭和23年には菓子の製造・小売問屋となった。

現在の日之出ビルを新築したのは、冬季オリンピック札幌大会の開催前年にあたる昭和46年のこと。ビルの完成と同時に、現店主・戸澤晶子さんの母・宣子さんが高級茶房としてオープンしたのがこの店だ。地下鉄大通駅直結という地の利のよさも手伝って、デートや商談、会食など幅広い目的で多くの人に利用されてきた。

店内はボックス席が多く、約70人を収容する。レジ横で客を出迎えてくれる可愛らしい彫刻「風船を持つ少女」は、「母の時代からあるんですよ」と晶子さん。その初代が急逝後、東京でOL生活を送っていた晶子さんと、これまた会社員だった弟の康人さんは、それぞれ仕事を辞め、姉弟でこの店を受け継いだという。

●住　所　中央区南1西4
日之出ビル地下1階
●電話番号　（011）231・9233
●営業時間　8時～22時
（土・日曜、祝日は～21時）
●定 休 日　なし
★ブレンドコーヒー　450円
★チョコレートパフェ　700円

「高級茶房」の文字が彫られた古くからの木製看板と二代目店主の戸澤晶子さん

以来、床を除いて店内のインテリアには一切手を加えていない。が、客層は大きく変わっている。以前は年齢層が高かったが、最近では若い人の姿が増え、幅がぐんと広がった。フードメニューも驚くほど品数が多く、懐かしいスパゲッティのナポリタンやミートソースはもとより、鮭定食や牛丼定食などが多彩にそろう。

さらに、昔ながらのモーニングセットは、トーストを1枚にするか2枚にするか選べる親切さ。それぞれの世代が、それぞれの目的に合わせて利用できるように配慮されているのだ。

看板に残る〝高級茶房〟の文字。そこに象徴される昭和レトロな佇まいが、今の若い人にも支持されているのだ、きっと。

蛇足ですが……

「リーブルなにわ」(平成25年閉店、現文教堂書店)で買った本を、この喫茶店で読んだ人もいるはず。

昭和52（1977）年◉喫茶店

カフェ&バー キルト

●住　　所　中央区南1西21
　　　　　　ベラクレエ裏参道1階
●電話番号　（011）643・9713
●営業時間　14時～23時
●定 休 日　水曜
★コーヒー　470円
★パフェ　600円
★ローマタイプピザ　900円

今や裏参道一番の古株に

円山裏参道を歩き、木製看板が目印の「キルト」が今も健在であることに、ほっと胸をなでおろす人も少なくないだろう。「裏参道の飲食店では、一番の古株になってしまいました」と苦笑するのは、店主の川野賢幸さん。

喫茶店を開くことが夢だった室蘭出身の川野さんは、高校卒業後、札幌の調理師専門学校へ通う。その時、アルバイト先に選んだのが、昭和52年にオープンしたばかりのこの店だった。

オーナーは川野さんの好きなようにやらせてくれたので、ロックやブルースなど当時最先端の音楽を大音量でガンガン流した。それが若者たちに人気を博したことから、川野さんは1年ほどで店を譲り受けることに。こうして、名実ともに経営者となったのである。

思い起こせば、当時はロックコンサートのポスターが壁一面に貼られ、長髪の若者がたむろする、入りにくい雰囲気の店だった。それから

笑顔がチャーミングな店主の川野賢幸さん。裏参道の変遷とともに歩んできた

40年近くが経ち、今ではすっかり落ち着いた大人の雰囲気の店に変貌している。

とはいえ、昭和生まれが泣いて喜ぶメニューは、まだまだ残っている。ナポリタン、ピザトースト、ホットサンド、レモンスカッシュなど、その大半は開店時から変わっていないとか。極めつけは創業以来、頑固に同じメーカーに豆を特注するキルト自慢のコーヒー。濃厚な味わいながら酸味が少なく、飲んだあとに甘みがふわーっと舌にくる、この店ならではの一杯だ。

ちなみに、開店から現在までの間に大きく変わったことといえば、長らく独身貴族だった川野さんが平成22年に結婚したことであるとか。ごちそうさまでした。

蛇足ですが……

この通りに昔あった喫茶「清三郎の店」は、裏参道の〝関所〟のような存在だったなあ。

昭和11（1936）年◉スイーツ

フランドール22

アイデアと格安価格で勝負の洋菓子店

地下鉄南北線北24条駅から徒歩5分の、表通り南西角に建つ洋菓子店。二代目の中島進一さんによると、「ここはもともと工場のあった場所なんです」。そのルーツは、菓子職人だった父親で初代の幸太郎さんが昭和11年、中央区南1西9に開いた「中島洋菓子店」に始まる。

現在地に工場を建てたのは昭和34年のこと。当時は、「フランドール・ナカジマ」の店名で札幌市内に6店舗を展開し、岩見沢や江別など札幌近郊にも洋菓子や和菓子を卸していた。が、現在も残るのはこの店だけとなっている。

商店街でもない場所にあるだけに、アイデアで勝負する。土・日曜、祝日にはジャンボ生シューを半額（6個以上）で提供し、午前9〜11時の間は、6種類のケーキを半額で販売する。

「うちの洋菓子は、安くておいしくて大きいと三拍子そろっています。そうでなければ、ここまで買いに来てもらえませんから」と中島さん。

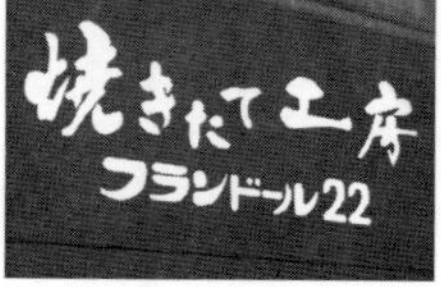

●住　所　北区北22西2
●電話番号　（011）716・1402
●営業時間　9時〜19時30分
（土・日曜、祝日は〜19時）
●定休日　火曜
★ジャンボ生シュー　195円
★ロシアケーキ（クッキー）　70円〜
★バンホーテン生ロール　598円

その快活な話しぶりから、前向きな性格が滲み出る店主の中島進一さん

都心部と違って販売経費を抑えられるので、低価格でも商いができるのだという。

平成20年には店舗を新築し、現在の店名に改称した。それを機に、ロシアケーキ（クッキー）の種類を増やし、カステラなどの焼き菓子にも力を入れている。が、なんといってもメインは、ジャンボなシュークリームだ。

素朴な味わいのカスタードクリームは、昔のままのレシピで手づくりする。皮の柔らかいそのシュークリームは、若い世代にはわからない、昭和を思い起こさせる味わいなのである。

多くのファンに支えられ、昭和の味を守り続けるこの店。父親を助ける息子で三代目の主賀《きみよし》さんとともに、昭和の味を守り続けてほしい。

蛇足ですが……

映画「三丁目の夕日」のごとく、初めて食べたシュークリームの味を思い出させてくれる。

昭和15（1940）年◉スイーツ

かど丸餅店

筋金入りの職人が生む独自のコシ

その名の通り、大福や串団子など餅菓子を主に扱うこの店。昔ながらの古めかしい店舗に足を踏み入れ、ガラスケースに整然と並ぶ大福を見ただけで、甘党は幸せな気持ちになるはず。

その餅はいずれも、しっかりとした弾力があり、歯ごたえ充分。手づくりのためすぐに硬くなるが、洗練された餡のうまさと相まって、いつも午前中で売り切れてしまうほどの人気だ。

●住　所　東区北17東8
●電話番号　（011）711・9420
●営業時間　6時～（売切れ次第閉店）
●定休日　木曜（祝日の場合は営業）
★串団子各種（1本）　78円
★大福各種（1個）　98円
★桜餅（1個）　98円
★いちご大福（1個）　175円

三代目の南和彦さんによると、祖父で室蘭出身の初代・桜井勇さんが、現在地で独立したのは昭和15年のこと。南さんは小学生の頃から祖父である初代を手伝っていたというから、まさしく筋金入りの餅職人だ。店名の由来は、「餅は角があったり丸かったりすることから、祖父が命名したようです」と南さん。

毎日、午後9時から仕込みを始める南さんは、朝まで作業を続けて午前6時に店を開く。餅は温度に敏感なので、季節によって熱の入れ

筋金入りの餅職人である三代目の南和彦さん。子どもの頃から店を手伝っていた

方や抜き方が異なる。さらに、新米か古米かによってふかす時間やつく時間を変えるなど、さまざまな工夫を凝らして、独自のコシを餅に生み出している。それでも南さんは、「やればやるほど難しいのが餅づくりです」と語る。

大福の種類は、豆、草などの定番から、若い人に人気のユカリ、イチゴなど計9種類。イチゴが丸ごと入るいちご大福は季節限定だが、皮がイチゴ味のものは通年用意する。

桜餅も通年あり、「うちは季節感のない店なんですよ」と南さんは笑う。その常識を打ち破る発想は、〝和菓子界の異端児〟と呼びたいほど。早朝から店の前に客が列をなす人気ぶりは、そんなサービス精神の賜物なのかもしれない。

蛇足ですが……
開店前の朝5時台から行列ができるという大人気のいちご大福は、1人10個までの限定品デス。

昭和36（1961）年◉スイーツ

雪印パーラー 本店

●住　所　中央区北3西3
●電話番号　（011）251・3181
●営業時間　10時～21時（売店は9時～）
●定休日　なし
★スノーロイヤルスペシャル　770円
★チョコレートパフェ　1010円
★プリンアラモード　1430円
★北海道ビーフのチーズカレー　1100円

濃厚アイス、愛され続け半世紀

大正生まれの父は、カップでもソフトでもアイスクリームならなんでも大好きだった。中でもお気に入りが、「雪印パーラー」のチョコレートパフェ。細長いスプーンで最後に底をすくうと、どろりとした液状のチョコレートが現れ、それがおいしいことを教わったもの。

そんな思い出深いこの店は、雪印乳業（現雪印メグミルク）の直営店として昭和36年に駅前通でオープン。濃厚な雪印牛乳で作るアイスやパフェ類をメインに、軽食も味わえるカフェ＆レストランとして長年親しまれてきた。ショーケースには、巨大なパフェやアイスのサンプルが飾られ、いつも外国人観光客（特に若い女性）の注目を浴びている。ところが店長の山上《やまかみ》純さんは、「写真を撮るだけで、店に入らない人が結構多いんですよ」と苦笑い。

その中でもひと際目立つのが、巨大な「アイスクリームタワー」（9万520円）。優に40人分は

学生アルバイトから社員になり、すでに20年以上勤務してきた店長の山上純さん

あるボリュームで、「固めるのに時間がかかるため、予約が必要。年に1回ぐらいはオーダーが入りますよ」と山上さん。話題づくりのために、これを頼む若者のグループもいるという。

私の世代が子どもの頃はアイスが貴重品で、列車に乗った時くらいしか買ってもらえなかった。だから今でも、濃いブルーのパッケージが印象的な、雪印のカップアイスを思い出すだけで胸がときめいてしまう。

そういえば、私が中学生だった60年代半ば、本店で〝アイスクリーム食べ放題〟をやっていた。同級生に負けまいと10個以上も食べておなかを壊し、母にいたく叱られたもの。今となっては、懐かしい思い出だ。

蛇足ですが……

アイスクリームはコクが肝心。昔と同じ濃厚なうまさが、今なお健在なのがウレシイ。

昭和37（1962）年◉スイーツ

和菓子 あさぶ一力〈いちりき〉

麻生地区が誇る、餅が命の和菓子店

「昔この辺りは馬車道で、雨が降ると泥だらけ。向かい側には牛舎も建っていましたね」と、「あさぶ一力」店主の五丸《ごまる》徳男さん。今はビルが林立する地下鉄南北線麻生駅そばの、ＪＲ新琴似駅へ向かう通りに面して店舗は建つ。

新琴似に住んでいた頃、この店でよく大福餅を買っていた。ひさしぶりに豆大福を食べてみると、サイズが大きい上に、豆も大粒。餅のコシの強さと、ほどよい甘さのこし餡とのバランスがよく、昔ながらの味わいを楽しめた。

日高町生まれの五丸さんは、16歳から札幌の「八千代堂」（現洋菓子のシャモニー）などいくつもの和菓子店で修業。25歳の時、北区「もち一力」から暖簾分けされ、現在地で独立した。

ショーケースには、大福はもとより、まんじゅう、上生、串団子などの和菓子が並ぶ。とはいえ、「もともと餅屋なので、餅に一番力が入ります」と五丸さん。今も真っ白な「のしもち」

●住　所　北区麻生町３・10・７
●電話番号　（０１１）７１６・０５４５
●営業時間　８時30時～20時
●定休日　日曜
★串だんご（３種）　各97円
★饅頭各種　97円～
★大福（草・豆・赤・白）　各１３０円
★もち麦大福（こしあん）　１３０円

「100万ドルの笑顔」と呼びたいほど、笑顔がすてきな店主の五丸徳男さん

や三角形の切り餅が店頭に並ぶ。

中でも新顔は、もち性の大麦〝もち麦〟を使う、プチプチした食感の「ヘルシー大福」。食物繊維の含有率が高いことから、コレステロールを下げる働きがあるといわれているそう。

ここの餅は添加物を使わない昔ながらの作り方をするため、翌日になると硬くなる。硬くなったら焼けばいいのだが、そういうと柔らかい餅に慣れている若い世代は驚くようだ。

開店から半世紀を経て、「変わったことはしていませんが、家族そろって食べられるのですから、まあまあよい商売です」としみじみ語る五丸さん。現在は娘さんの佐藤由美さんが、二代目として店を切り盛りしている。

蛇足ですが……

ここの豆大福は大きくて、豆も大粒。こし餡とのバランスもよく、昔ながらの味わいを楽しめマス。

昭和39（1964）年◉スイーツ

タケダ製菓

●住　所　北区新琴似12・6・8・2
●電話番号　（011）761・4669
●営業時間（売店）　8時〜17時
●定休日　土・日曜、祝日
★牛乳ソフト　237円
★石窯焼南部せんべい　270円
★みそせんべい　270円
★えぞ厚焼（18枚入）　1400円

札幌っ子が誇れる手焼きセンベイ

とある筋から、タケダ製菓が作る煎餅の詰め合わせをいただいた。その中の「えぞ厚焼」を食べてびっくり。見かけは硬そうだが、食べてみるとサクッと柔らかく、ピーナッツもふんだんに入っていて実にうまいのだ。

それもそのはず。パッケージの説明によると、昭和52年の「全国菓子大博覧会」で労働大臣賞を受賞しているという。次に味わった南部煎餅のゴマ味も、口中で淡雪のごとく消え、ことのほかよい味。これほどうまい煎餅を作る会社が札幌にあるとは、ついぞ知らなかった。

売店を併設するタケダ製菓の工場は、新琴似の住宅街の中にあり、近づくと粉もんを焼く時の甘い匂いが漂う。会長の武田良夫さんは、「1丁先まで匂うので、つられて売店で買っていく方も多いんですよ」と顔をほころばす。

宮城県山元町出身の武田会長は、札幌の兄を頼って24歳で渡道。雑貨卸の行商などを経て、

工場併設の売店前で、煎餅づくりへの思いを語る武田良夫会長（右）と二代目の晃和社長

昭和39年に現在地でタケダ製菓を創業した。以来、南部煎餅を中心に、今も昔と変わらぬ手作業で煎餅ひと筋に作り続けている。

息子さんで二代目の武田晃和社長によると、「煎餅は、その日の気温や湿度で微妙に焼き方を調整します。石窯で一枚ずつ焼き上げるからこそ、その違いがわかるんです」。また、平成9年に材料の小麦粉を道産に切り替えるなど、コスト高にもめげず味の向上にこだわる。

取材の最後に、「モノづくりが作業であってはならない」と晃和社長が語った言葉に共感させられた。機械化が当たり前の時代に、親子二代で手焼き煎餅を守るタケダ製菓。札幌っ子が、胸を張って誇れる町工場なのだ。

蛇足ですが……

南部煎餅の人気比は、道内は6～7割がピーナッツ派だが、東北では9割以上がゴマ派なのだとか。

昭和44（1969）年◉スイーツ

和洋菓子フジヤ

和菓子&洋菓子を親子で競演

新琴似4番通が安春川《やすはる》と交差する位置に建つ「和洋菓子フジヤ」。私が幼い息子と近くの実家で暮らしていた頃、ここはまだ〝下町の小さな和菓子店〟という風情だった。が、「平成25年にリニューアルしました」と店主の室利明さんが話すように、洋風の店舗に様変わりしている。

利明さんの父親で初代の室征雄さんが、現在地に店を構えたのは昭和44年のこと。開店当時はまだ住宅もまばらで、周辺に店舗はほとんどなかった。「その頃は店の前までバスが来ていなくて、人通りも少なかったですね」と征雄さん。そんなハンディを持ちながら、和菓子と洋菓子の両方をコツコツと作り続けてきた。

二代目の利明さんは、東京でケーキ職人の修業を積んで平成14年にUターン。これを機に、今や看板商品となった「よくばりなロールケーキ」が登場する。これは道産のフレッシュな牛乳をたっぷり使い、生地を厚めに焼き上げた

●住　所　北区新琴似8・15・1・1
●電話番号　（011）761・3326
●営業時間　9時～20時
●定 休 日　火曜（祝日と季節の行事がある場合は営業）
★中花まんじゅう　115円
★チーズドーム　1350円
★よくばりなロールケーキ　1040円

日々、親子で菓子づくりに励む、初代の室征雄さん（右）と二代目の利明さん

もの。驚くほど生地がふっくらしていて、生クリームの口どけ感もよく、実においしい。

そのほか、紅茶シフォンやチーズドーム（スフレ）も味わってみたが、どれも手づくりの素朴さを残しつつ、プロの味にしっかりと仕上がっていて感心させられた。

見逃せないのは、初代が作るロングセラーの「中花まんじゅう」。かつて北海道では、葬儀の香典返しに使われた和菓子なのだが、最近はとんとお目にかからない。ここのは、柔らかい皮が、甘みを抑えたこし餡とマッチしている。

「父が和菓子、私が洋菓子を担当しています」と利明さん。親子二代で続く老舗が新琴似で健在であることが、わがことのようにうれしい。


蛇足ですが……

亡き父が、孫の誕生日ケーキをいつもこの店に注文していたことが、懐かしく思い出される。

昭和54（1979）年◉スイーツ

洋菓子店マスカット・ボア

ナイトクラブがルーツの看板ケーキ

外壁に掲げられた〝フランス菓子〟の看板、年季の入ったビロードの椅子、天井の古めかしい扇風機などなど。どこを切り取っても昭和の匂いがする、西野地区の老舗洋菓子店。

看板商品の「ベークドチーズケーキ」は、キリーやクラフトなど5種をミックスしたチーズソースをパイ生地に入れて焼いたもの。今風の凝ったケーキではないけれど、後味がサッパリしていて、辛党でも食べられる味わいだ。

接客を一手に引き受ける増井英津子さんによると、「売り上げの70％はこのチーズケーキなんです」。その歴史は古く、そもそもは英津子さんの義父で初代の増井孝次さんが、昭和24年にススキノで開いたナイトクラブ「白鳥クラブ」（中央区南4西2）にルーツがあるという。

クラブが繁盛したため、初代は事業を拡張。昭和30年に駅前通の越山ビルで、レストラン「マスカット」を開店する。その店のシェフが考案

●住　所　西区西野3・6・3・8
●電話番号　（011）665・0707
●営業時間　9時30分〜20時30分
●定休日　なし
★ベークドチーズケーキ　1ピース・313円、ホール小・929円
★アップルパイ（ホール）　1080円
★ソフトクリーム（M）　324円

赤いベレー帽とエプロンがよく似合う、若々しい接客担当の増井英津子さん

したチーズケーキが評判を呼んだことから、「マスカット・モア」「マスカット・ロア」などの名で、洋菓子&パンの店を市内で展開していく。

この店もその流れで、昭和54年に誕生した。その10年後に初代が逝去した際、英津子さんの夫で初代の息子・伸弥さんが、同じ東京の洋菓子店で修業した菓子職人の武井直行さんと受け継いだ。同時にほかの店はすべて畳み、マスカットの名を冠した店はここしか残っていない。

常時20種ほどの洋菓子が並ぶが、もうひとつの人気はソフトクリーム。シンプルながら洗練された甘さで、これまた昭和を思い出させる味だ。取材中も客がひっきりなしに訪れ、西野地区で愛されている店であることがよくわかる。

蛇足ですが……

酒飲みでも食べられるケーキを探した結果、たどり着いたのがここのチーズケーキだったのデス。

昭和58(1983)年◉スイーツ

きのとや 白石本店

●住　所　白石区東札幌3・5・1・20
●電話番号　(011)813・6161
●営業時間　9時〜21時
●定休日　1月1日
＊カフェメニュー
★スペシャルバームクーヘンセット
　1080円(ドリンク付)
★本日のケーキセット　820円(〃)

常に洋菓子の〝一番〟を目指して

今や道内有数の洋菓子店となった「きのとや」は、昭和58年、白石区南郷通沿いのこの地で創業した。本格的な喫茶コーナーを併設した白石店としてスタートし、翌年には早くもデコレーションケーキの宅配を始めている。

ユニークな店名は、物心両面で援助してくれた義父の故郷、新潟県胎内《たいない》市の地名「乙《きのと》」に由来。また、乙には2番目の意味もあることから、「常に一番を目指し、前向きに努力しようと思ったんです」と社長の長沼昭夫さん。

平成23年にはテナントとして入っていた建物を土地ごと取得し、創業30周年を迎えた同25年に、白石本店としてリニューアルさせている。長沼さんは、「30周年を機に、創業の地で本店を構えることができて本望ですね」と話す。

店舗デザインは、古くは「ELEVEN」から「宮越屋珈琲」までを手がけてきた今映人《あきひと》さんによるもの。普段はモノトーンや茶色を生か

取材時は創業30周年に当たり、社長の長沼昭夫さんも喜びを熱く語ってくれた

した男性的なデザインの多い今さんだが、今回は赤茶色を基調にした外観にし、喫茶コーナーの壁には札幌軟石を思わせる白いタイルを使用。美しいフォルムの北欧製ワイチェアとマッチした、シックな佇まいが特徴だ。

「心機一転のタイミングだったので、大人の控え目な色気を表現してみました」と今さん。映写スクリーンのように大きな窓からは庭を見渡せ、モミの木の緑が目にも鮮やかだ。

ところで、新品に見えるワイチェアだが、実は昔から使ってきた椅子を張り替えたもの。変わったものと変わらないもの——それらを織り交ぜながら歳月を重ねたこの店の変遷が、札幌の街の歩みとも重なり、感慨深い。

蛇足ですが……

喫茶店の連載記事を書いていた時、この店の喫茶コーナーを紹介できなかったのが今でも心残り。

昭和63（1988）年◉スイーツ

ショコラティエマサール 本店

フルヤのDNA感じる、質へのこだわり

昭和63年にこの店が創業した当時、友人から「ウイスキーに合うよ」ともらった、オレンジピールをくるんだチョコレート（以下、チョコ）のうまさに感激したことを今も覚えている。

「当初は、『おいしいけれど高い』と何度もいわれましたね」と苦笑するのは、オーナーの古谷勝さん。古谷さんは、「フルヤウインターキャラメル」などを世に送り出した古谷製菓の三代目・古谷龍雄さんの弟にあたる。

ところが菓子業界に興味はなく、札幌南高から日大理工学部機械科の航空専修コースに進学。将来は、セスナ機など航空機の製造にかかわるのが夢だった。卒業後はアメリカに留学し、そこでアメリカやヨーロッパのチョコに親しんだことが、のちに影響を与える。

帰国後は外資系企業に勤めるが、兄を手伝うために古谷製菓に身を置いたこともある。昭和59年に古谷製菓が倒産した際は、事後処理に追

●住　所　中央区南11西18・1・30
●電話番号　（011）551・7001
●営業時間　10時～20時（喫茶のラストオーダーは18時30分）
●定休日　火曜
★カットケーキ　346円～
★オレンジピールショコラ　389円～
★ショコラセット　1448円

海外経験が豊富なオーナーの古谷勝さん。着こなしもひと際ダンディーだ

われたが、その直後にチョコ専門店の起業を思い立つ。「大量生産しないなら、チョコを溶かす鍋と冷やす冷蔵庫さえあれば、手づくりで充分やれるんですから」と古谷さん。

とはいえ、質の高い製品を作るには高度な技術が必要なため、一つひとつ丁寧に手づくりしてきた。チョコはもちろん、平成6年から始めた焼き菓子やケーキなどを含め、「製品のレベルを落としたくない」と迷わず語る古谷さん。そのため、拡張路線は取らなかったという。

店名の〝ショコラティエ〟は、「チョコレート専門の職人」を意味するフランス語。その菓子づくりに対する真摯さと情熱に、「フルヤ」のDNAを感じずにはいられない。

蛇足ですが……

閑静な住宅街にひっそりと佇む本店は、チョコレートづくりに専心する場所にふさわしい。

記憶の中の老舗《喫茶店編》

消えてしまった街の顔

遠くなりし「喫茶店の時代」

「サンローゼ」最後の賑わい（2014年）

時代の変化によって、店が姿を消して行くのは世の常だとしても、喫茶「北地蔵」（北１西２）の閉店（平成24年）は哀しい。時計台裏通りに面したこの店は、往年の名店「ELEVEN」を生んだ店主・日比三裕さんと、店舗設計の今映人さんという名コンビが手がけたもの。

日比さんは生前、「カフェが通りの街灯りのひとつになれば……」と語っていた。その言葉通り、古風な手染めのノレンと青々と繁る鉢植え、そして鉄骨人形が、道行く人を楽しませてくれた。そんな店がなくなったあとを訪れてみると、通りは火の消えたような寂しさだった。

もう一軒、残念なのが、平成26年に閉店した「サンローゼ ススキノ店」（南４西３）。ススキノ隆盛時を今に伝える豪華なインテリア（女子トイレ横に更衣室まで設置）と、260人収容の広い店内で知られた。軽食からスイーツまでメニューは豊富で、深夜のススキノで飲まずに過ごせる最後のトリデだった。

また、ＪＲ札幌駅地下のパセオ店からススキノ店まで、地下通路を歩いてサンローゼを往復する〝歩こう会〟もあったほどで、その人気ぶりが偲ばれる。

そのほか、お洒落でモダンな都会の隠れ家「シャノアール」（南２西３、北宝ビル、平成17年）、北区麻生の「麻生茶房」（北39西３、平成20年）も名店だったなあ。

また、藻岩山麓の自家焙煎珈琲「斎藤珈琲」（南19西16）は、創業者で友人の斎藤智さんの店。病に倒れた斎藤さんは、平成26年に他界された。が、今は斎藤さんの薫陶を受けた弟子が立派に継いでいる。志し半ばで倒れた彼が、札幌の珈琲文化のレベルアップにどれほど貢献していたかを、伝え続けたいと思う。

大先輩の酒飲みである
作家・小檜山博さんと、
後輩の著者が語り合う
老舗よもやま話

対談
懐かしの老舗・名店あれこれ
小檜山博×和田由美

酒飲みの大先輩で作家の小檜山博さんと初めてお会いしたのは、今はもう伝説となった居酒屋「海へ」だった。北海道文学史に残る名作『出刃』を、もう世に送り出していた小檜山さんは、その酒場で新進気鋭の作家としてピカピカに輝いていた。まだひよっ子の酒飲みだった私にとっては、対等に話せるような存在ではなかったのだ。それが今、自分の著作のために対談させてもらえることになった。神をも畏れぬ行為ではあるが、それもこれも、私が長らく酒を飲み続けていたお蔭なのかもしれない。アシカラズ。

東京から来た物書きを必ず連れて行った「大和家」

和田　小檜山さんが勤めていらした新聞社の近くで、記憶に残る飲食店はありますか?

小檜山　会社の近くでは、すしと天ぷらの「大和家」かな。

和田　大和家は、この本にも掲載されています(18ページ)。

小檜山　もう45年も前になるけど、俺らの若い頃は金がなかったから、昼を食べに行っても、すしなんか食べられないんですよ。天丼すら食えない。だからもっぱら刺身定食だった。

和田　それでも高かったでしょ。

小檜山　あの頃で600〜700円かな。刺し身ふた切れと天ぷら、あと沢庵もふた切れついた。これが自家製でおいしい。

東京から物書きが来ると、必ず連れて行きました——小檜山
当時からグレードの高い店だったんですね——和田

亡くなったお母さんが自分で漬けていたの。

和田　へぇー、そうなんですか。食堂の定食や丼物につく沢庵って、必ずふた切れなのよね。

小檜山　俺はふた切れじゃ足りないから、必ず沢庵のお代わりをもらってたね。

和田　大和家は、対談などの際にも利用されていたんですか。

小檜山　対談というより、東京から編集者や物書きが来ると、必ず連れて行きましたね。あの頃から老舗だったし、本店が小樽にあるからネタもよかった。

和田　当時からグレードの高い店だったんですね。

小檜山　作家の立松和平とか中上健次とか、女優も佐々木愛さんとか、みんな大和家に連れて行きましたよ。

雰囲気ある店主が作る「八屋」のあんかけ焼きそば

和田　あんかけ焼きそばにお詳しいと聞いたんですが。

小檜山　あんかけ焼きそばといえば、「八屋」（中央区北1西3、時計台文化会館地下）だね。

和田　時計台の近くにあったラーメンの八屋が、あんかけ焼きそばを？　あの店ではラーメンしか食べたことがありません。

小檜山　あそこのあんかけ焼きそばは抜群だった。一緒についてくるスープもうまくてね。でも特筆すべきは親父さん。頑固というか、店では絶対にしゃべらない人なの。

和田　へぇー。

小檜山　小柄で浅黒い顔をしてるんだけど、笑いもしない。その暗さがよくて、雰囲気あるなあと思ってね。ところが夜になると、パッと背広に着替えてススキノへ飲みに出かけるの。

和田　粋ですねえ。

小檜山　ススキノで出会ったことがあるけど、それはすごい。ラーメンを作っている姿からは想像できないほど、ネクタイを締めてビシッとしている。不思議な雰囲気を持った方でした。

和田　割と早い時期に、お店は閉めてしまいましたね。

小檜山　店をやめた理由はわからずじまい。それもミステリア

スでいいじゃないですか。こんな風に物語になる店は、なかなかないから。

名物親父の口グセが懐かしい魚介のうまかった「ふる狸」

小檜山　狸小路にあった居酒屋「ふる狸」には、よく通ったね。

和田　あの真イカの！

小檜山　あそこの名物はやはり、中川重次さんという親父さんですよ。

和田　出刃でバンバンとイカを切る中川さんのパフォーマンスがスゴイ！　あれを見たくて行くのよね。最初はびっくりして、いつ包丁が飛んでくるかと怯えてた(笑)。

小檜山　あそこではやはりメッタ切りのイカを食べないと(笑)。まな板もすごかったよ、12尺もある一枚板で。

和田　3丁目の路地にあって、わら葺で昔の家みたいな不思議なところでしたね。

小檜山　カウンターだけの店で、座るところがなくて「びっしりだね」っていうと、親父さんは「なーんも、ガラ空きガラ空き」って必ずいう(笑)。なんぼ混んでいても、たとえ客が立っ

小檜山博(こひやま・はく)
■作家、NPO法人「北の映像ミュージアム」館長。昭和12(1937)年、北海道滝上町生まれ。苫小牧工業高校卒業後、新聞社に勤務。その傍ら執筆活動を続け、昭和51年に小説『出刃』で北方文藝賞を受賞。昭和58年、小説『光る女』で泉鏡花文学賞、北海道新聞文学賞を受賞し、同作は同62年に相米慎二監督で映画化。平成15年、小説『光る大雪』で木山捷平文学賞受賞。大地康雄主演の映画「恋するトマト」(平成17年)は、小説『スコール』が原作。現在もJR北海道広報誌の人気エッセイ「人生讃歌」を始め、雑誌・新聞などの連載で活躍中。

て食べていても「ガラ空き」、これが親父さんの口グセ。

和田　あはは、人柄が出ますね。あの時代の人って、本当に豪放

狸小路3丁目にあったふる狸（昭和59年頃）

磊落な人が多かった。

小檜山　あの店で俺たちがよく食べたのはキンキだね。それも食べ残ったキンキの骨やなんかを丼に入れて、番茶をかけて醤油垂らしてスープにして食べるの。これがうまい。炭火で焼くせいもあるんだろうけど、キンキはこういう風に食べないと。

和田　私はイカぐらいしか食べた記憶がありません。場所も狸小路だし、東京から来た人を連れて行くと喜ばれたでしょうね。

小檜山　作家の村松友視や三浦哲郎さんらも連れて行きましたけど、みんな「小檜山さん、こんなうまいもの食ってたら、東京行っても食うものないだろう」って。

和田　長く続きましたが、火事に遭って一度店を閉めました。

小檜山　その後、豊平区美園の住宅街で再開したんですよ。親父さん亡きあとは娘さんが頑張っていたんだけど、長くは続かなかった。やっぱり親父さんの「ガラ空きだ!」の声が聞こえないと、寂しいから。

鍋焼きうどんの「百留屋」 カレーライスの「三共食堂」

和田　狸小路では、ほかにどんなお店へ?

小檜山　2丁目に食堂の「百留《ひゃくとめ》屋」がありましたよね。

和田　百留屋といえば鍋焼きうどん! おいしかったですねぇ。

小檜山　あそこの看板、おもしろかったでしょう。

和田　百留屋重兵衛さんが大正期に創業した店で、〃百留屋〃という文字がびっくりするくらいカッコよかった。

小檜山　俺は19歳くらいから食べに行っていた。というのも、当時の下宿先が看板屋で、百留屋の看板を描いていたんです。

和田　残念ながら平成14年に閉店しました。私が学生時代によく行ったのは4丁目の「三共《さんきょう》食堂」ですね。
小檜山　そうそう、三共食堂のカレー。行った行った！
和田　とにかく安かったんです。カレーライスとラーメンが、どちらも100円だった。

店主の雰囲気に客が飲まれる伝説のラーメン店「富公」

和田　狸小路7丁目にあったラーメン店「富公《とみこう》」の店主も、本当におもしろい人だったな。
和田　すぐに怒るのよね。
小檜山　初めて昼飯を食べに行った時も、カウンターの空いている席に座ろうとしたら、「あー、だめだ！」って怒られて……。誰がどこに座るか、全部

親父さんが指図するんだよ。でも、それが楽しかったな。
和田　私は毎週通っていたんだけど、四の五のいわれるのが嫌で3年間一度も口を聞かなかった。私も頑固ですよね（苦笑）。
小檜山　俺は店で食べる時、作っている人間を見るのが、おもしろいと思うの。この人だから、こういう食べ物が生まれるんだとね。富公の店主もそう。
和田　いつも高下駄を履いて、ランニングシャツ姿でした。
小檜山　そう、下駄をカタカタ鳴らしてね、ラーメン作りながら客を見ているんだよ。これは気分がいいだろうなと思った。完全に自分が主役で、客は脇役。観光客の若い女性たちなんか、そのパフォーマンスに感動してね。あそこは豚骨だっけ？

混んでいても「ガラ空き」が親父さんの口グセ——小檜山

あの時代の人って、豪放磊落な人が多かった——和田

料理人には風景がないとだめだと思う——小檜山
個性的な店がもっとあってもいい——和田

和田　そうです。醤油味も味噌ラーメンみたいな色をしたスープでした。

小檜山　あれなら誰だってうまいと感じるさ。なにしろ、完全に雰囲気に飲まれてしまうから。

狸小路にあった富公（昭和51年頃）

和田　客が店主に飲まれる——確かにそうですね。

小檜山　俺はね、料理人には風景がないとだめだと思うの。食べ物というのは、自分の置かれた状況と、作っている人の風景を見ながら食うからこそうまい。いい悪いはともかく、「富公」には個性があった。だから、店主に任せて食べるという喜びを、客も感じていたと思う。

和田　今はよそと変わらない店が多いから、どこに行けばいいかわからなくなってしまいます。

小檜山　風景になる人が、少なくなったということだろうね。

和田「あの頑固おやじが嫌いだから、あの店には行かない！」という客がいるくらいの個性的な店がもっとあってもいい。

小檜山　和田さんがイヤといいながら3年間も通うなんて、やはりあの親父には、ほかの人にないなにかがあったんだよ。

和田　その後、仲よくなって、狸小路の本（さっぽろ文庫36『狸小路』）でもお世話になりました。親父さんは病気のため、平成4年に亡くなられています。

札幌老舗天ぷら店の中で唯一残る「蛯天」の実力

和田　札幌に昔からあった天ぷらの店で、今も残っているのは「蛯天本店」（22ページ）と分店だけなんです。ハゲ天も天政も、八巻も姿を消した中で、なぜ蛯天は残ったんでしょうね。

小檜山　蛯天の天丼は、1本のエビを2つに割って揚げている。俺は1本まんまでいいんじゃないかと思うけど。でも、割ると味が違うのか、衣に秘伝があるのか、そこに意味があるんじゃないかと思っているんだけど。

和田　あそこは衣を独特のやり方で揚げていると聞きました。

小檜山　あのやり方で昔から味が変わらないと感じさせるんだから、そのよさがあるんだよ。

和田　独自の衣のつけ方が、蛯天ならではの味を生み出しているんでしょうね。なにしろ店名にエビがつくほどですから。

小檜山　昔から変わらない庶民的な味と値段もいいんだよ。

和田　いつも裏切らないんですよね。だから、時代が変わっても支持されるんでしょうね。

ススキノにあった八巻（昭和62年頃）

小檜山　あと老舗といえば、ススキノにあるウナギの「和田」。

和田　昔から評判のお店です。

小檜山　そういえば、この本にはウナギの老舗が載ってないね。

和田　ウナギの和田か、和田のウナギ嫌いか、なんてね。実はワタシ、ウナギが食べられないんです……すみません！

長く愛されるには、ワケがある――あとがきにかえて

冬季五輪札幌大会の熱気冷めやらぬ昭和47（1972）年、私はOLを辞め活字の世界へ飛び込んだ。以来、個人的な趣味に加え、タウン情報誌を始め新聞・雑誌、自社のガイドブックなどで記事を執筆するため、〝食べ飲み歩き〟をして半世紀近くになる。

転職した頃、札幌の街は人口100万を超えたばかりで、バブル景気が弾ける平成3（1991）年頃までイケイケどんどんだった。それを横目に、私は小さな編集工房でひたすら下請けのフリーペーパーやガイドブックを制作していた。「後世に残る本を作りたい！」と念願の出版社を設立したのは、昭和63年になってからのことである。

それから30年余りを経て、札幌の街は人口190万を超え、今や東京、横浜、大阪、名古屋に次いで人口の多い大都市となった。その間、道民に愛された〝マルイさん〟（丸井今井百貨店）は経営が本州資本にかわり、料亭、板前料理、おでんなど、さまざまなジャンルの老舗が、次々とこの街から姿を消していった――。

しかし、それはオモテ舞台のこと。この街には、創業から25年を経てなお、元気に営む店（それを私は老舗と呼ぶ）が数多くある。長く愛されるにはワケがあり、それを知りたくて始めたのが、北海道新聞で今も連載中の「さっぽろ老舗グラフィティー」（平成24年4月スタート）だった。本書では、その連載からほぼ3年分にあたる69軒を選び、加筆・

修正してまとめてみた。

相変わらず脈絡なく、発作的に店を選んできたが、こうしてジャンル別に分けてみると、どの店も粒ぞろいなのだ。大都市札幌の面目躍如というところだろうか。また、コラムは本書のために書き下ろしている。

ちなみに、昭和60年までの喫茶店については『さっぽろ喫茶店グラフィティー』(平成18年発行)、古くからの酒場については『さっぽろ酒場グラフィティー』(平成20年発行)、わが偏愛の狸小路については『さっぽろ狸小路グラフィティー』(平成25年発行)にまとめている。この中でも、本書で紹介できなかった札幌の名だたる老舗を紹介しているので、併読してもらえるとうれしい。

今回も書籍化に際しては、対談を快諾して下さった作家の小檜山博さんを始め、さまざまな方々のお世話になりました。ありがとうございます。中でも、いつもいきなりの電話にもかかわらず、取材時間をとって下さったご店主や店長さんに、あらためて感謝申し上げます。おかげさまでまた一冊、この街を記録する本を世に送り出すことができました。

2015年7月

和田 由美

〈著者略歴〉
和田 由美（わだ・ゆみ） 1949年、小樽市生まれ。札幌南高を経て、藤女子短大英文科卒。札幌初のタウン情報誌「ステージガイド札幌」編集長を経て、編集プロダクションを設立。ベストセラーとなった『さっぽろ青春街図』シリーズを手掛ける。1988年、出版と編集の亜璃西社を設立し、社業の傍らエッセイストとして各紙誌で執筆中。著書に『北海道　究極の食材めぐり』（JTBパブリッシング）、『こだわりのロングセラー』（共同文化社）、『さっぽろ喫茶店グラフィティー』『さっぽろ酒場グラフィティー』『さっぽろ狸小路グラフィティー』『和田由美の札幌この味が好きッ！』（ともに亜璃西社）など多数。

◇制作スタッフ　加藤太一、野崎美佐、宮川健二
◇口絵撮影　藤倉孝幸（STACK）
◇本文撮影　吹田里志、藤倉孝幸（p.133）
◇写真提供　札樽観光株式会社

さっぽろ味《あじ》の老舗《しにせ》グラフィティー

2015年８月17日　第１刷発行
2015年10月16日　第２刷発行

著　者　和田 由美
装　幀　須田 照生
発行人　井上 哲
発行所　株式会社亜璃西社《ありす》
〒060-8637　札幌市中央区南２条西５丁目６－７
TEL　011-221-5396
FAX　011-221-5386
URL　http://www.alicesha.co.jp/

印　刷　藤田印刷株式会社

ISBN978-4-906740-17-8 C0095